JN071841

喜びは選ぶもの

Choose Joy

-Because Happiness Isn't Enough-

ケイ・ウォレン 著　　鈴木 敦子 訳

いのちのことば社

Choose Joy
Because Happiness Isn't Enough

Copyright © 2012 by Kay Warren
Japanese Language Translation copyright © 2023 by Word of Life Press Ministries
Originally published by Revell a division of Baker Publishing Group,
Grand Rapds, Michigan, 49516, U.S.A
All rights reserved.

私の大切な
カイリー、キャシディ、ケイラブ、コール、そしてクレアへ

目次

涙をもって種を撒《ま》くものは、喜び叫びながら刈り取る。

詩篇一二六篇五節（ＮＬＴ）

痛む心だけに喜ぶ権利がある。

ルイス・スミーズ

まえがき

　私は本書の中で、家族の中に精神疾患を患っている者がいることを明かしました。また、家族にとっても私にとっても、時に陰鬱《いんうつ》で恐ろしくもある闘いのさなかで、喜びを選ぶ難しさについても書いています。ご存じのように、私たちの「闘い」は悲惨な結末を迎えました。二十年にわたる過酷な、拷問のような精神的苦難のあと、二〇一三年四月、二十七歳の息子マシューが自らの命を絶ったのです。彼の自死のニュースは間もなく電波を通して、公衆の面前にさらされることとなりました。それだけは避けたい、と思っていたにもかかわらず。

　息子の死の詳細については伏せておきますが、ここで言えるのは、二〇一三年四月五日の朝、私には、マシューが自らの命を絶ったと信じる十分な理由があったということです。彼の死が確認されたのは、その日のもっと後になってのことでしたが。前の晩、私は眠れませんでした。息子が逝ってしまったのだと確信していた私は、不安と悲嘆にくれていました。翌朝、身支度を整える時に、アクセサリーの引き出しからあえて「喜びを選ぶ

(choose Joy)」と書かれたネックレスを手にしたのです。吐き気がして、頭から爪先まで震えが止まらず、恐れていたことがついに起こってしまったとおびえていました。しかし、あえてそのネックレスをつけたのは、凍りついていた心のどこかで、この喪失の中を生き延びさせてくれるのは、神について私が信じ、知っていること……、そして、「喜び」だけだと確信していたからです。その日の朝、私は三つのことを心に抱いていました。それは、神がこの人生の隅々まで支配していてくださるという揺るぎない確信であり、最後にはすべてが大丈夫だというひそかな自信であり、そして、たとえどんな時にも、神をほめたたえること選ぶという決意です。あの二〇一三年四月五日のような時であっても、です。

打ちひしがれそうな嘆きと喪失が続いた数か月の間、これら三つの確信が激しく揺さぶられました。そして、喜びを選ぶかどうかの決断をする機会は無限にありました。私がマシューの死に備えるために、神は彼の死の前にこの本を書かせてくれたのだと信じています。息子の死に直面した時であっても、生き延びるための必要不可欠な道具《ツール》を手にし、最も悲惨な目に遭いながらもなお力強く生きることができるように。

わが子を自死で亡くすという最悪な経験をする方は、それほど多くはおられないかもしれませんが、あなたも毎日の生活の中で喜びをもって生きることを脅かす「何らかのこと」に遭遇していることでしょう。健康、経済的な不安、夫婦の問題、孤独、もつれたままの人間関係、この国や世界の行く末、子どもがきちんと育つかというプレッシャーといったように、サタンはあなたの計画や夢を邪魔し、妨げようと働き続けています。あなたに与えられている人生の中での大切な仕事は、神を親しく知ることと、霊の根を神の愛という土壌に深く伸ばすことです。神について確かな信念と確信を育むことができるなら、それこそが、幸せであるだけでは足りない時にも力の源となるのです。

本書を読むことによってますます神を知りたい、より神を信頼できるようになりたいと願い、そして自分も喜びを選ぶことができると確信できるようになりますように。

パートI　喜びは私の受ける分

喜んでいいという許可を受け入れる

チームのメンバーに選ばれました！
奨学金を獲得しました！
採用しましょう！
よく商談をまとめたね！
たった今、無料招待旅行に当選しました！
ガンの兆候は見当たりません！

これらは、人生の中で最も素敵な瞬間です。すべてがうまくいき、長年想い続けてきた願いや大きな夢が叶い、心は幸せではち切れそうです。「こんなの最高！」と、自分だけのCMが作れそうです。

しかし、何一つ自分の思いどおりにいかないこともあります。うまくいかなそう……と思ったことはことごとく悪いほうへ行き、一番大事にしてきた願いも大きな夢も足もとで音を立てて崩れていきます。願いが叶《かな》わず、約束が破られ、悲嘆による苦々しさで心がひどく痛み、もう立ってはいられないほどです。

人生のこんな場面のどこに「喜び」が登場するというのでしょう？

家族や友だちと充実した時間を過ごし、やりがいのある仕事を持ち、健康を謳歌《おうか》し、経済的にも安定する——幸せな人生の中身とはこのようなものですよね？ そして、このような幸せな時間が喜びを生み出すと思っていることでしょう。おそらくほとんどの人は、「幸福感なんてめったに感じないのだから、味わえるうちに味わっておけ」と思っているかもしれません。それで十分でしょう？

一方で、つらいことが喜びを奪い去ってしまうことも知っています。墓のそばに立ちながらも喜びを味わっているなどとは、優等生の答えです。だれもそのような人の言うことなど信じません。でも、私たちはその言葉にうなずきながら、その場にふさわしいことを言うでしょう。心の中では神の知恵も善さもあわれみも疑っていることを、だれにも知られたくないから。

混乱したままこの世を旅する私たちが喜びを味わうことなんて、はたして可能なのでしょうか。「喜び」など聖書用語でしかなく、実生活には何の関係もないものではないでしょうか。

これは良い質問です。本当に良い質問。私もそう思っています。同じように思ったことが、あなたも心の中ではあるのではないかと思います。言葉にすることはとてもできないけれど、思いめぐらしたことがあるかもしれません。特に困難にぶち当たった時に。

たとえ最も困難な時でも、日々深く真の喜びを味わっているように見える人もいれば、どんなに求めても喜びを見いだせない人がいるのはなぜだろう? と思ったことはありませんか。結局、喜びを見いだすことをあきらめてしまい、神さまが喜びをみんなに配っていた時に、不運にも自分はその場にいなかったのだと思うこともあります。数少ないラッキーな人だけが、喜びというプレゼントを手にできるのであって、喜びを味わうための「秘訣」を知る人はもっと少ないのではないかと思ってしまいます。

でも、ここで言いたいのは、そうではないとわかったということです! 今はそうしか思えないかもしれないけれど、喜びはあなたも味わえるものなのです。こう思っている人がいるかもしれません。「私は他の人のように喜びを味わうことなんてない。そういうタイプではないのよ。」 あるいは、「喜びを味わうっていうのは、あらゆる痛みを否定することよね。」 しかし、私が自分の人生から学んだのは、喜びを味わうかどうかは、周りの状況や自分がどう感じるかではないし、悲しみや痛みを否定したり無視したりして生きることでもない。喜びとはもっと深く、豊かで、安定していて、思っている以上にずっと容易に与えられるもの、ということです。

神が与えてくれる喜びのすばらしさは、ここにあります。恐れや心配の中で生きる必要はないのです。なぜなら、神の喜びはいつもそこにあるからです。イエスは「この世にあっては苦難がある」と言いました。でも、安心してください。喜びを受け取ることはできるのです。喜びを知るためには、神と自分自身以外のだれにも頼る必要がないのです。

始めるにあたって、一つ約束したいことがあります。私は、自分の人生について、またどのように喜びを求めてきたかについて正直でありたいと思います――あなたが居心地が悪くなるくらい正直かもしれません。私が持つ疑いや失敗、罪などを隠しだてせず、信仰の問題について神と夜中に格闘したことを、あなたの前でも、自分の前でも認めます。私のうちで信仰が形づくられていくそのプロセスをお見せしましょう。ほかの人も葛藤しているると知ったり、キリストがその人の中に形づくられていると知ったりすると、自分の信仰が元気づけられるからです。霊的な成長は自然には起こらないし、きれいにいくことなどめったにありません。私たちは死ぬまで「建設中」で、死んではじめて「まことのいのち」（Iテモテ六・一九）を得るのです。ですから、しばらく一緒に歩いていきましょう。良い時も良くない時もどんな時も、日々喜びをどうやって選ぶのかについて、私が学んでいることを分かち合っていきたいと思います。

1　喜びに満ちた人生を求めて

神は、ついには笑いをあなたの口に、喜びの叫びをあなたの唇に満たされる。
ヨブ記八章二一節

痛みは避けられない、しかし惨めになるかどうかはあなたが決められる。
痛みは避けられないが、喜びは避けられる。
ティム・ハンセル

私は牧師家庭で育ち、キリスト教主義の大学に行き、牧師と結婚し、聖書を教える教師になり、信徒のための組織神学の本を共著で出版してきたので、他の人は私のことを、霊的にしっかりしていて、この「喜び」についてはマスターしているはずだと思うかもしれません。そうだといいのですが、実際はそうではないのでこの本を書いているのです。私もあなたと同じように葛藤し、疑問を持ち、喜びを必要としているのです。

私はそう簡単に喜べる人ではありません。どちらかと言うと悲観的なタイプの人間です。思い出すかぎり、軽い鬱《うつ》と闘っていたこともあります。小さい時は敏感な子どもでした。すぐに泣き、人の感じる痛みにまで苦悶《くもん》し、何もかもを一人で背負い込んでいました。ですから、落ち込んだことなどない幸せいっぱいな人の視点から喜びについて語っているのではありません。何とか今日を生き延びることができた、と思えるような日も私にはあるのです。

聖書の中には理解し難い命令や、守るにはあまりにも難しすぎる命令が書いてあります。最も難しい命令の一つは、敵を赦《ゆる》すことです。私たちが日ごろ、いかに残酷で邪悪な仕打ちを互いに対して行っているのかを考えれば、敵を赦すことは、テレビを見て運動した気分になっている人にエベレストに登れと言っているようなもの――つまり不可能です。また聖書は何も思い煩ってはならない、とも言っています。何も？　ほんとうに？　私たちは起きている間のほとんどの時間を、心配したり不安に思ったりして過ごしているのに、なぜ神は心配するなと言えるのでしょう？　でも、私にはこの二つの命令よりももっと難しいと思う命令があります。それはヤコブの手紙一章二節にあります。

「様々な試練にあうときはいつでも、この上もない喜びと思いなさい。」

これは本気で言っているのでしょうか。試練がやってきたらまず考えるのは、「この上もない喜び」を味わうことではありません。典型的な反応は恐れ、パニック、心配、絶望です。文句を言ったり泣き言を言ったりしないようにするのがせいぜいでしょう。「この上もない喜び」なんてほど遠いものです。

こんなふうに、私は喜びをもって生きることができない現実を通して、なぜ自分の体験が聖書と合わないのかを探るようになりました。イエス・キリストの生涯を学び、ダビデ王、イエスの母マリア、使徒パウロ、イエスの兄弟ヤコブといった聖書の人物が、苦難や悲しみ、困難な時にどう生きたのかを調べました。たとえば、使徒パウロはローマ人への手紙五章で次のように言っています。

「苦難に取り囲まれていても賛美を叫び続けます。なぜなら苦難が私たちのうちに強い忍耐を作り出すことを知っているからです。また、その忍耐が、鍛《きた》えられた鋼《はがね》のような徳を生み出し、神が次に何をなさろうとしておられるのかに絶えず注意を向けさせてくれることを知っているからです。このように注意深く期待し続けていれば、私たちが損をしたと思うことは決してありません。全くその逆です。聖霊をとおして、神が豊かに私たちに注いでくださるものをすべて受け取れるような入れ物を集めてくることさえできないのです！」

（三〜五節、ザ・メッセージ）

彼らの生き方と私の生き方の間には、グランドキャニオンほどの隔たりがあると思いました。聖書の記者たちが、たとえ苦しみの中にあっても、クリスチャンが絶えず喜びを味わうことを期待していることは明らかでしたが、私はそうではありませんでした。遭遇している状況の中で喜びをもって応答できる彼らの信仰と、私の信仰とは何が違うのかと思い、熱心に探り始めました。自らの経験と彼らの経験との違いは何なのでしょう？　喜びに満ちた人生を生きることを妨げているその大きな隔たりを、どうやって埋めることができるかを知りたかったのです。

これから私が学んだことを詳しく書いていきますが、探求の末に至ったものについて、ひとつ飛びして結論を書いてしまいましょう。それは、「喜びとはあなたの選択だ」ということです。あなたが自分の人生を生きるためには、この本の残りの部分よりも、この一文のほうがよほど重要です。喜びは、あなたの選択なのです。どれくらい喜びを味わえるかは、完全にあなたにかかっているのです。ほかのだれでもありません。人が何をしようがしまいが、どう振る舞おうが関係ありません。喜びは、ちっぽけな人間がどう行動するかによって、味わえるか味わえないかを操作できるものではありません。どれくらい悲しんだか、苦しみや困難を耐え忍んだかも関係ありません。喜びは、恐れ、痛み、怒り、失望、悲しみ、嘆きによって左右されるものではないのです。最後には、味わう喜びの量は、あなたが味わうと決めた喜びの量と全く同じなのです。あなたが決めるのです。今、この喜びは自分の選択だというきわめて重要な現実を受け入れれば、今からより喜びに満ちた人生を歩むことができるのです。

喜びのベル曲線《カーブ》

喜びといっても、人によって捉え方はさまざまでしょう。高校や大学の物理の授業で習った正規分布（ガウス分布）を覚えているでしょうか。もっと単純に言うなら、ベル曲線《カーブ》（左右対称の釣鐘《ベル》形のグラフ）を思い出してください。曲線の一端にいるのは、簡単に喜べる人。そういう人の気質は、一般的に楽観的でノリが良い人たちで、物事をポジティブに捉える人たちです。

彼らには時々イライラさせられることがあります。なぜなら、いつもニコニコしていて、楽しそうで呑気《のんき》に陽気に人生を謳歌しているように見えるからです。私はつい、つぶやいてしまいます。「もしあの人が私と同じ問題を抱えていたら、今みたいに笑っていられるのかしら？」もしかしたらその人は幸いなことに、まだ人生で痛い目に遭ったことがないのかもしれない。でもほかの見方をすれば、すでに痛い目に遭っているからこそ、日々喜びを味わうために霊的な取り組みをしているのかもしれません。いずれにせよ、ベル曲線の始まりの部分にあたるところにいる人たちがいます。

ほとんどの人は曲線の真ん中あたりにいます。人生はそれほどひどいものではなく、そこそこ幸せで、それほど良くも悪くもない。ひどく落ち込んだりすることはあまりない。慢性的に疲れてはいるし、日常の繰り返しに少し飽きているのかもしれないし、腐ることだってある。日々喜びを味わう？　わからないな――でも言っておきますが、別に問題はありません。

曲線が下がっていくと、もっと少ない人たちのグループがいます。彼らは、鬱であることを隠しているかもしれないし、そうでないかもしれません。朝、ベッドから起きるのがひと仕事。人生の喜びなどどこかに行ってしまいました。ほほ笑んだり、笑ったりすることも難しく、喜びはもう消えてしまっています。それは、人間関係のストレスや仕事が変わったこと、体の病、深い悲嘆や喪失からきているかもしれません。軽い鬱であれば比較的短期間で立ち直ることができるのですが、大きな喪失を経験し、つらい道を歩んできた人には、情緒的・霊的バランスが戻るのに何年もかかることがあります。鬱と付き合い続けていくと、罪悪感が生まれてしまいます。本当なら喜んでいなければならないはずなのに、自分はそうではないからです。

体内のホルモンバランスの乱れから鬱を発症する人もいるかもしれません。私たちはこのようなことをあまり話題にしませんが、クリスチャンの中にもこのホルモンバランスの乱れによって、鬱やストレスと闘っている人が結構いるのです。非常な幸福感と、何もできなくなってしまう鬱との間で激しく気分が揺れ動く双極性障害の人もいますし、精神分裂症や人格障害、その他多くの精神障害があり、程度の差こそあれ、信仰の有無を問わず家族を悩ませています。身体的な障害はだれが見てもわかりますが、精神の病は外側からは「普通に」見えるので隠れていることもあります。友人のシャノン・ロイスは、このことを「隠れた障害」と呼びます。*1 残念なことに、私たちは問題を認めようともしないし、どんな心の病いも家庭環境のせいだと言い切る人もいて、クリスチャンの間では精神衛生に関する問題を語ることに消極的です。それによって、非常に多くの人々が一人で苦しみ、そんな自分に恥を覚えます。さらに最悪なことは、教会からの理解が得られていないことです。偏見は実際にあり、それは人を大きく傷つけます。

曲線をさらに進んでいくと、線の終わり頃にもっと小さなグループがあります。その人々は自殺願望を持った人たちです。皆さんの中には、精いっぱい生きてはみたけれど、もうこれ以上がんばれないという人もいるでしょう。一日を何とか生きることに疲れ果て、この状況から逃げ出したいという思いが頭の中を占めていきます。家族にとって、自分なんていないほうがいいのではないか、とさえ思えてきます。自分だってこんな苦しみを味わいたくないのに……。喜びなんてまるで外国語のようです。それはあまりにも遠くにあるので手が届くわけがないし、手を伸ばそうとすることさえできません。クリスチャンであれば、そのような葛藤を語るのにも困難さを覚えるでしょう。教会で「精神疾患」が際どい話題であれば、自殺や自殺願望について語ることは、究極のタブーでもあり得ます。

あなたが厳しい闘いの中にいることを知り、心から心配してくれる人から、もう一度喜びを味わってほしいとこの本を薦められて、今読んでいるのかもしれません。ジョン・エルドリッジはこう言っています。「あなたの人生の物語は、あなたがなり得る未来の姿を知り、それを恐れた者が、あなたの心に対して長い間攻撃してきた物語でもある。[*2]」心の敵、サタンは、あなたを絶望にとどめておきたいのです。でも傷ついたあなたの心を愛するイエス・キリストは、もっと良い計画をもっておられ、その中には喜びも含まれているのです。

あなたがベル曲線のどこにいようとも、神は優しい言葉で励ましてくださいます。「あなたの人生には喜びが与えられるという具体的で、真実な希望があるのだよ」と。たとえ今この時に、絶望の中にいるとしても、喜びを味わうことができるのです。喜びは手の届かないところにあるのではありません。それ自体だけでは決して十分ではありません。あまりにも薄っぺらで、頼りなく、気まぐれです。あなたにはもっと良いものがふさわしいのです。あなたは、喜びに満ちた人生を送るのがふさわしいのです。

喜びを味わうために造られた

私が好きなルイス・スミーズの『すべてがめちゃくちゃなのに、なぜそれで良いと言えるの？』（*How can It Be right when everything is all wrong?*）という本の中にこのように書かれています。

「あなたも私も喜びを味わうために造られました。ですから、そのことをわからないでいたら、自分の存在意義もわからずにいることになります！　イエス・キリストがこの地で生き、死なれたのは、私たちが失ってしまった喜びを取り戻すためでした。……そして聖霊は、私たちが喜びを味わう権利を生まれながらにして持っているということを信じることができるようにしてくださいます。なぜなら、主は私たちのために この日を造ってくださったからです。*3」

イエスは、私たちの受ける分である「喜びを取り戻す」ために死んでくださいました。アダムとエバが神に逆らい、私たちも霊的に反抗するようになってしまったときに、その喜びは失われてしまったのです。

しかし幸いなことに、必ずしも悪い行いではなく、神に対して「神なんていらない」というような態度で霊的に逆らって生きてきたとしても、イエス・キリストを自分の救い主として受け入れることができるのです。そして、イエス・キリストとともに聖霊もいただくのです（ガラテヤ四・四～七）。聖霊は、数ある選択肢の一つとしてではなく、「生まれながらに持つ権利」のある喜びという麗しい贈り物をもたらしてくださるのです（ガラテヤ五・二二）。

神は、私たちを喜びに満たされるように造られました。それは間違いありません。しかし神は、その喜びを手にするかどうかを私たちに任せています。あなたも私も神が創造し、イエスによって買い戻され、聖霊によって一人ひとりに与えられる喜びを選ぶのかどうか、決めることができるのです。

このように考えると、「喜び」という神の賜物《たまもの》を拒む人なんているのかしら？　と思うかもしれません。でも時として、私たちは拒んでしまうのです。

二本の並行する線路

私はかつて、人生は波のようなものだと思っていました。順調で楽しい状況の波がきたかと思うと、不快な状況の波が押し寄せてくるといったようにです。潮の満ち引きをその間に挟みながら。あるいは、人生は山や谷の連続のようでもあります。上る時もあれば下る時もあります。でも私は、人生は二本の並行する線路のようだと思うようになりました。喜びと悲しみは離れることなく毎日の生活の中を貫いています。

日々の生活の中では良いことが起こります。美しいこと、何かを達成すること、楽しみ、充実感、そして興奮することも起こります。それは喜びの線路です。でも同時に、失望やチャレンジ、そして自分や大切な人が喪失を味わうこともあります。これは悲しみの線路です。私たちは喜びの線路のことばかり考えようすることで、悲しみの線路を「打ち負かそう」とします。前向きな見方をしたり、現実を否定したりすることによって、まるで悲しみの線路などなかったことにできるかのように。でも、そんなことは不可能です。なぜなら、「喜び」と「悲しみ」はいつもつながっているからです。そしてこの宇宙の奇妙な逆説から言えば、痛みを経験しているまさにその瞬間にも、私たちは愛の甘美さや美しさはまだどこかにあることに気づきます。同様に、歓喜のただ中にいるその瞬間にも、私たちは物事はそれほど完璧ではないというぬぐいきれない感覚を覚えるのです。どんなに前向きに考えようとしても、幸せだけを可視化しようとどんなに努めても、悲しみの線路は残ります。二本の線路の上で、どうやって生きていくかを学ぶことは、私たちに与えられた最大の難問と言えるでしょう。

私の孫は鉄道ファンなので、アムトラックの列車が一日に何度も停車する、昔からある駅に連れて行くことがあります。駅員が見ていない間、危険がないとわかれば私たちは線路の上に一緒に立ってその先を遠くまで眺めています。こちらに向かってくる電車が見えるといいなと思いながら。線路の上に立って、まぶしい地平線のほうを見ていると二本の並行した線路は、いつかひとつになり、もう別々な線路だとはわからないくらいになります。

私たちも同じでしょう。生きている間、私たちは線路の上に立ってイエス・キリストの再臨の兆候を探しています。地平線を見つめてイエスの姿を見つけようとします。そしていつの日か、再臨の光の中で私たちはイエスと顔と顔を合わせて会うのです。その時、喜

び と悲しみの線路はひとつになります。悲しみは永遠に消え去り、喜びだけが残ります。そしてその時、ついにあらゆることが腑《ふ》に落ちるのです。でもその時まで私たちは、喜びと悲しみの並行する二本の線路の上を歩いていくのです。

喜びの定義

喜びが現実のものであるということが、なぜこれほど信じられないのでしょうか。それにはいくつかの理由があると思います。

最初の理由は、喜びの模範があまりないということです。自分の経験と聖書の教えのギャップを埋めてくれるような人はなかなかいません。私たちが知る多くの人たちは、少しの喜びしかない深い水の中で泳いでいるようです。

聖書が教えるように、喜びの人生を生きている人の名前を二名挙げることができますか。ある人たちはすぐに手を挙げてこう言うでしょう。「もちろんです！　喜びにあふれた人を何人も知っています。」　ただ単に生まれつき外交的で、いつもニコニコしている人のことを言っているのではありません。ヤコブの手紙一章が語っているような、試練に対して「この上もない喜び」と応答のできる人々のことを言っているのです。そうなると、あなたが知っている喜びにあふれた人の数は変わってくるかもしれませんね。では、五人、思い浮かべられますか。十人はどうですか（今、私はソドムとゴモラを救おうとして、神と取り引きをしているような気分です）。喜びにあふれた人生を歩んでいる十人の名前を挙げることができる人なんて、いないかもしれません。数年前、喜びをもって生きるとはどういうことかを体現している人たちのリストを作ろうとしました。二人の人を思いつきました。一人はもう召されていて、そして、もう一人は私以外の人です！　こんな人になりたいというような模範もない中で、私たちは喜びをもって生きるとはどういうことかを探るという、困難な務めと向き合わねばならないのです。

喜びが手の届くところにある、と信じるのをためらうもう一つの理由はこうです。自分の人生を見てみると、「この上もない喜びと思いなさい」と応答ができる状態からはほど遠いと思うからです。そして、こう考えます。「そのうちに喜びを探しに行くかもしれない。でも今日じゃない。もし喜びが上から降ってきたなら、それはすごい。だけど、今日一日を生きられればそれで十分なの。本当に。夜ぐっすり眠ることができるだけでうれしいわ。喜ぶなんて今の私にはちょっと無理かな。」

喜びを味わっている人の模範がないことや、自分の人生と聖書で読む内容があまりにも異なることから、私たちは、喜びなんて自分にはやって来ないと結論づけてしまっているようです。もしやって来たら、それは全くのサプライズです。自分でコントロールできることではありません。

ですから、喜びをどう定義づけるかがとても重要なのです。もし私たちの定義が不適切であれば、喜びと幸せは同義語であって、幸せな感覚があれば喜びがあると間違って理解してしまうし、幸せな感覚がなければ喜びがないのだと考えてしまいます。遊園地で一日を過ごしたり、スポーツイベントを楽しんだり、すばらしい休暇を過ごせば、私たちが味わった幸せな感覚が喜びだと思ってしまうし、いつも陽気で楽観的な人々がいれば、その人たちは喜びを味わっていると思ってしまうでしょう。

必ずしもそうではありません。彼らの内面まで見ることはできません。難しいことがやって来た時に、どう応答するかを知るために彼らの生活まで見ることはできません。あなたは彼らが世に対して見せている顔を見ているのであって、それを見て喜びが何かを結論づけているだけなのです。

でももし、喜びが温かくてほんわかした感覚や、ニコニコした笑顔でないのなら、またそれが状況に支配されないものならば、それは何なのでしょう？

数年前に私はポール・セールハマーの引用を読みました。彼はこう言いました。「喜びとは神が私たちの人生を支配してくださっていることを知ることからくる。」[*4]　私はそれが大変気に入りましたが、喜びにあふれた人生を送るにはどうしたらよいかについて、聖書が教えていることで私が信じていることをより的確に表現するために、もう少し言葉を付け加えたいと思いました。そして自分が不安になっている時にもこの力強い真理を思い出すことができるように、喜びの定義を書き、暗記しました。

喜びとは、神が私の人生の隅々に至るまで支配してくださっているという揺るぎない確信であり、最後にはすべてが大丈夫だというひそかな自信であり、そしてすべてのことにおいて神をほめたたえることを選ぶという決意です。

わかったでしょうか。喜びは、神についての揺るぎない確信であり、神に対するひそかな自信であり、そして、神をほめたたえることを決意することです。

私はこの本を通してこの定義を繰り返していきます。それはこの定義があなたの魂に深く染み込んでいく必要があるからです。私の祈りは、あなたもこの定義を暗記して、自分の世界がバラバラになりそうな時にも、それが心に思い起こされるようになることです。

神と神の善さに対して確固たる確信を持てるようになった時に、私の人生は大きく変わりました。私の人生のあらゆる小さなことも、神の良い計画に適うように見えないところで神が働かれていると信頼するようになった時に、私の神に対する自信は深まりました。そして、神をほめたたえると決心したことで、私がいつも欲しいと思っていた喜びへと少しずつ導いていかれました。あなたにもそのようになってほしいのです。

すべてが大丈夫だとは、「心配しないで、なんとかなるわ！」というような軽い言葉ではありません。「最後にはすべてが大丈夫だ」と信じるのは、交通事故もガンも破産も流産も鬱も、そして私たちが味わう経験するあらゆる嘆きを考慮に入れてのことです。神はいつも働いておられ、私たちの人生のあらゆる断片をつなぎ合わせていつもすべてを支配しておられると信じることを選ぶということは、すべてのことが私たちのため、また神の栄光のために相働くと信じることを意味します。

　もちろん私たちは今、今日、この瞬間に答えが聞きたいのです。そして、聞きたいのは簡単な答えではありません。神にはこれらのことを決める資格があるという証明書付きの説明書が、私たちは欲しいのです。そういうわけで、最後にはという言葉が喜びの定義の中にあるのです。神はいくら要求しても答えや説明をくださる約束はしていません。神が約束しているのは喜びです。

　ですから、喜びとは外面のことではありません。また、たまに感じるような幸せな浮わついた感覚でもないのです。神がみことばの中で語っている喜びとは、信頼できるものです。そしてそれは人生のどんな状況にも左右されません。それはすばらしいことだと私は発見しました。

この本の中で、神が、喜びを味わう存在として私たちを造ってくださったのだということをどうやって知ることができるのか、また、喜びと悲しみにあふれたイエスの生涯が、私たちが苦しみの中にあっても喜びを選ぶことをどう可能にしてくれるのかを見ていきます。また、私たちの思考の中で、言葉において、また人との会話の中で、喜びを選ぶことへと解放してくれる考え方と心の習慣をどう身に付けていくかも見ていきます。

喜びはプレゼントの上についているリボンのように、クリスチャンライフにとって、つけ足しのようなものではありません。それはあなたの人生に対する神の目的なのです。さあ、それを受け入れる時が来ましたよ！

～祈り～

お父さま、私は喜びを選びたいです。私の心に希望の光をもう一度灯《とも》してください。イエス・キリストにある私に属する喜びを求め続けさせてください。イエスさまの名で祈ります。アーメン。

ふりかえりと適用のために

1　喜びに満ちた人生を生きることを押しとどめているものは何ですか。

2　三三ページにある喜びの定義を読んでください。静まって言葉を思いめぐらしてみてください。受け入れやすい言葉はどれですか。受け入れにくい言葉はどれですか。

2　正体をさらけ出す

そのとき　私たちの口は笑いで満たされ
私たちの舌は喜びの叫びで満たされた。
そのとき　諸国の人々は言った。
「主は彼らのために大いなることをなさった。」

詩篇一二六篇二節

「もし彼らがもうちょっと救われた人のように見えたら、私も彼らの救いを信じるだろう。」

フレドリッヒ・ニーチェが知り合いのクリスチャンについてコメントして

ヤコブの手紙を書いたイエスの兄弟ヤコブは、イエスの存命中は救い主《メシア》であることを受け入れませんでしたが、のちに牧師になり、初代教会を支える柱となりました。伝承によると、信仰のゆえに殉教したようです。ですから、この書の土台となっているよく知られているみことばを書いたこの人物が、何を語ろうとしているのかを聞きたくてたまりません。ヤコブはまさに、信じていることを行動で表す人です。ヤコブの手紙一章二～四節にこうあります。

「試みや難題があらゆるところからやって来たら、それは純然たる賜物だと考えなさい。プレッシャーがある時には、信仰の本質があからさまにされ、正体がさらけ出されるのを知っているでしょう。だから、早くそこから抜け出そうとしてはいけません。なされるべきことに身を任せなさい。そうすればあなたは成熟し、より向上し、欠けたところのない人になります。」　（ザ・メッセージ）

ヤコブは、困難な時には私たちの「信仰の本質があからさまにされ、正体がさらけ出される」と言います。こんな言葉には思わず怯《ひる》んでしまいますね。自分が何を信じていると表明しようと、あるいは人からあなたが何を信じていると言われようと、恐れていた診断が下された時、愛する人が死んだ時、経済的に破綻した時、子どもが人生を台なしにしようとしている時、だれかが牢に収監される時、精神疾患によって人間関係が壊れる時などの人生最悪の場面では隠れたり、なんでもないふりをしたりすることはできません。

私自身の信仰の本質は、そのような時に明らかになりますが、それは神にとってではなく、自分にとって明らかになるということです。なぜなら、神はすでに私についての真実を知っておられるからです。私の正体は、教会で見せる笑顔や、近所の人と交わす礼儀正しい挨拶の下に隠しておくことはもうできません。魂の水面下に潜んでいたものが突如として暴かれます。そのような時に大切なのは、何をするかです。

困難な状況での自分の反応が、あまりにも聖書が教えるものとはかけ離れているので、私たちはつい後退りしてこう言います——自分はもっと良いクリスチャンだと思っていたのに。もっと成熟したクリスチャンだと思っていたのに。自分の信仰には底力があると思っていたのに、大したものではなかった。自らの信仰の足りなさに気づくのは痛みを伴うことですが、困難は自分の成長すべきところを明らかにしてくれるのですから、感謝することもできます。

苦難の中で、自分の信仰が暴かれる時にやって来る、予期せぬ利点がもう一つあります。神を信じるとはどういうことなのかを、周囲の人々が見ることができる点です。ピリピ人への手紙二章一四〜一五節で使徒パウロは次のように言います。

「あらゆることを躊躇《ちゅうちょ》することなく快活に行いなさい。つまらないいさかいや、批判は禁止！　堕落することなく世に出ていきなさい。荒廃し汚れた社会に新鮮な空気を吹き入れなさい。人々が、良い生き方がどのようなものか、生ける神がどのような方かを垣間見られるようにしなさい。闇の中へ光を与えるメッセージを携えていきなさい。」

（ザ・メッセージ）

他の訳ではこうです。「人々の中で、暗い世界に光る星のように輝きなさい」（NCV）。世の終わりと思われるような大混乱に陥ると、私たちの信仰は、近所の人、友だち、信仰をもっていない家族、同僚といったすべての人の目にさらされます。聖書は、信仰による生きざまは、信仰を持たない人々の生きざまとはまるで対称的なはずだと言います。その二つの生き方の違いがあまりにもはっきりしているために、暗闇に光る星のように目立っているというのです。つまり、その違いに気づかないではいられないのです。

友だちや知り合いの人たちは、興味津々であなたのことを見るでしょう。クリスチャンはこんな時どうするのかしら？　何か悪いことが起こった時、毎週教会に行き、あの魚のステッカー〔訳注＝ギリシア語で「イエス・キリスト神の子救い主」の頭文字をとると「魚」という言葉になる〕を車に貼っている人たちはどうするのかしら？　彼らは批判しようとしているのではなく、クリスチャンであることで、生きる上で何が具体的に違うのかを知りたいと純粋に思っているのです。

危機に陥った時、信仰を持たない人たちと全く同じ反応をすれば、彼らは「神がなぜ必要なのかわからない」と言わずにいられないでしょう。私たちは同じ質問を自問しなくてはなりません。「もし問題が起きた時、クリスチャンがすることが他の人と何も変わらないのなら、信仰のどこが良いの？　問題が起きた時に他の人と同じようなら、毎週教会に行き、聖書研究会に出席し、聖句を暗唱し、子どもをクリスチャンスクールに行かせることから何を得たの？」と。

先ほどの喜びと悲しみの、二本の線路の話に戻りましょう。試練が私たちの信仰の本質を暴く時、人々は私たちが人生の喜びも痛みも両方受け入れていることがわかるでしょうか。片方を否定して、もう片方の現実だけを生きようとしなくてよいのです。両方とも人生の一部であり、どちらも天への希望を与えてくれるものなのだと知る必要があるのです。

より強い信仰を育てる

すでにお話ししたように、不幸な知らせに対する私の反応として、喜びを選ぶのは難しいことでした。最初の反応はたいていい心配や不安であって喜びでもないし、そんな「プレゼント」を下さった神に感謝することでもありませんでした。自分の反応を見ると、成熟した、神を畏れる女性になるには、まだまだ長い道のりがあるのだとがっかりしてしまいます。

でも、このことこそが、ヤコブが言わんとすることです。霊的に成長するため、つまり、信仰において成長し、より成熟するためには、試みや災難、苦しみの炉を通るしかないのです。試練に遭っていない信仰はあてになりません。私たちの人格をイエス・キリストのように造り変えてくれる精錬のプロセスを好む人はいません。痛みや悲しみ、ストレスや波乱があるからです。ロナルド・ダンはこう言います。「なぜ心の葛藤は過酷なのでしょう？　それは、神が私たちを変えたいのに、私たちが変わりたくないからです。*1」私たちは試みや災難を通ることなく、その「結果」、つまり「成熟」だけを欲しがっているのです。でもヤコブは、困難からすぐに逃れようとしてはならないと警告しています。もし早く逃げてしまったら、そのプロセスを迂回《うかい》することになり、結局は未熟のままです。霊的、情緒的に幼児のままでいたくはありませんよね？

ここで告白しなければならないことがあります。私は神にこう言ってしまったのです。「私は霊的な赤ちゃんのままでも結構です。未熟で成長できないままでも生きられます。だって成長するって痛いんだもの！」でも、心の奥底ではそう思ってはいません。自分の信仰が堅固で強く、成熟し、練られたものであってほしいのです。人生を終えるまで、歩むべき道を歩いて行けるように、試みや災難によって自分の信仰の本質が暴かれてもよいと思っています。自分のためだけではなく、私の生き方を見ている人のためにもです。

私たちの生きざまを見ている友だち、家族、近所の人、同僚、知り合いの人たちは、霊的なことについて知りたがっていると思います。特に、世界や自分の身に起こる苦しみや悪の存在について考える時に。彼らは神、イエス、聖霊、聖書について間違ったことを聞いているし、あやふやになっています。試練にあった時にどう応答するか――願わくは夜空に光る星のように、神がどのような方なのかをはっきりと映し出すチャンスとなりますように。

使徒の働き一六章一六節から三四節には、パウロとシラスが悪霊にとりつかれた若い女性を癒やしたために、ピリピで不当に投獄されたことが書かれています。捕らえられた二人は、何度もむちで打たれてから牢に入れられ、足には枷《かせ》がつけられました。聖書には、真夜中ごろパウロとシラスは祈りつつ、神を賛美する歌を歌っていて、「ほかの囚人たちはそれに聞き入っていた」（二五節）とあります。すると、大きな地震が起こり、牢獄の土台が揺れ動き、囚人の鎖が外れてしまいます。

その当時、囚人が逃亡した場合、看守は責任を取って自ら命を絶たなければなりませんでした。管理できなかった責任として、いずれにしろ、上の者から処刑されると知っていたからです。その夜、看守が牢の扉が開いているのを見、剣を抜いて自殺しようとしたところ、パウロは大声で、「私たちはみなここにいる」（二八節）と叫びます。聖書には看守が驚いた様子が記されています。彼は震えながらパウロとシラスの前にひれ伏し、こう言います。「先生方。救われるためには、何をしなければなりませんか」（三〇節）。

不正にむち打たれ投獄されたことによって、神について証しする権利を得たパウロとシラスは、看守も家族もどのようにしたら救われるかを教えます。看守もその家族もイエス・キリストを信じ、バプテスマを受けました。この話は次の言葉で締めくくられます。「それから二人を家に案内して、食事のもてなしをし、神を信じたことを全家族とともに心から喜んだ」（三四節）。

私は、パウロとシラスのようには応答できたとは思えません。そのような状況下、自分も祈り、声を振り絞って賛美を歌う、と自信をもって言えたらいいのですが、おそらく、自分に不正がなされたのだからだれか早く何とかしてよ、と聞こえよがしに声を振り絞って泣き騒いでいるでしょう。

パウロとシラスはそうではありませんでした。彼らの信仰は、重罪人や看守たちの目にさらされ、その正体が暴かれました。二人は、牢獄の鎖という漆黒の夜空にまぶしく光る星のように輝き、神のすばらしさを見せることができたのです。その結果、無罪だと言い張る犯罪人のいいかげんな訴えに慣れている心頑なだった看守が、この二人も、彼らの信じている神も、なにか「とても」違っている、とわかったのです。そして、二人が持っているものを自分も欲しいし、自分の家族にも知ってほしいと思いました。神についての揺るぎない確信、最後にはすべてが大丈夫だというひそかな自信、そしてすべてのことにおいて神をほめたたえるという決意が、看守とその家族の救いへの扉を開いたのです。

看守は、パウロとシラスとの出会いから何を得たでしょう？　救いだけではなく、喜びもです！

世界が私を見ている

もし友だちにこんなことを聞いたら、どんな答えが返ってくると思いますか。「神さまって笑うの？　あなたに向かってほほ笑むの？」　多くの人は――クリスチャンでさえも――神は気難しそうな老人で、機嫌が悪く、天に座して、私たちがちょっとでも幸せを見つけようものならそれをつぶそうと、獲物を狙う鷲《わし》のように目を光らせていると思っているのではないでしょうか。笑うかって？　たぶん笑わない。ほほ笑むですって？　私が本当はどういう人間なのか知っていたら、ほほ笑まないでしょうね。

世の人々は、イエスについても歪《ゆが》んだ見方しか知りません。イエス・キリストほど悪く言われ、誤解され、誤って伝えられている人が歴史上にいるでしょうか。イエスは世の救い主、壊れた心、精神、人間関係を回復させる方として敬われながら、歴史上最も破壊的な者としてののしられ、世界戦争、民族主義的な日和見主義、果ては人間関係の問題さえも、イエスのせいにさせられています。

聖霊となると、信仰を持たない人の間では完全に混乱しています。「聖霊」とは何？だれ？　アニメの「出てこいキャスパー」やディズニーランドのお化け屋敷、舌の回らないミスター・ビーン〔訳註＝Holy spirit を Holy spicket（聖なる蛇口）と言い間違えた〕のことを思い出すかもしれません。なんとなく変で怖くて、間抜けな感じです。

また多くの人が聖書を、悲惨な内容の本、技術が進み刷新された現代の超知的な世界では何の意味も成さない、時代遅れの細かい規則ばかりだと思っています。あるいは、読んでも理解できないのではないか、または、断罪、恥、罪悪感を与えるような言葉を浴びせられるのではないかと恐れています。

世界の人たちは、神は喜びを人格化したことをクリスチャンたちの口から聞かなければなりません。イエスは悲しみの人であったけれども、喜びの人でもあったことも知らなければなりません。また聖霊は、私たちが生まれながらにして得る権利がある喜びを下さる方だと知らなければなりません。聖書には涙や嘆き、悲しみ以上に喜び、笑い、楽しさについて書かれている「喜びの書」であることを知らなければなりません。覚えておいてほしいのは、私たちは常にこのように自問しなければならないということです。「もし、周りの人が私の生き方を見て、神について判断するしかないなら、神が喜びを造られたこと、イエスが喜びの人だったこと、聖霊が喜びを下さること、聖書が喜びの書であることを信じるだろうか。神が私に望んでおられるような喜びに満ちた人生を生きていないせいで、神は〝悲しみの神〟であるという神話を信じさせてしまっているのではないだろうか？」

私は人生の今という時期、自分の信仰が人々に見られていることをことさらに意識させられています。長い間、子どもたちが信仰を育むための、最高の模範となれるように、喜びと情熱にあふれた人生を生きたいと思っていました。でも今、私には孫がいて、姪《めい》や甥《おい》がいて、私を慕ってくれる若い女性たちがいて、ただ単に幸せな人生ではなくて喜びの人生の道を示すことが、今まで以上に重要になってきています。わが子がこのように言ってくれたらと思っています。「ママは問題がいっぱいあったけど、自分の気質を克服したわ。困難が多くても、それに縛られてはいなかった。結局は、ママは喜びの人だったね。」また孫たちにはこう言ってほしいのです。「おばあちゃんは私のことが大好きなの。おばあちゃんと一緒にいるといつも自分が特別だって感じられた。」 また、甥や姪にはこう言ってもらいたいです。「ケイおばちゃんはちょっと変わっているけど、イエスさまをすごく愛していて喜びにあふれた人だったよ。」 一緒に働く若い人たちにはこう言ってもらいたいです。「ケイは完璧ではなかったけど、主にある喜びを知っていたわ。悲しんで当然の理由がいっぱいあっても。」 身近な人たちが、喜びをもって生きている人のリストを作るとしたら、私はそのリストに入っていたいのです。あなたもだれかのリストに入りたくありませんか。

喜び叫んで踊る

ところで、少し前に私が書いた、「神はあなたにほほ笑むの?」という質問の答えは何だろう? と思っているとしたら、その答えはこうです。

あなたの神ヤハウェはあなたとともにいて、救いの勇士だ。
主は幸せの歌を歌ってあなたのことを喜び、愛をもってあなたを新しくする。
彼はあなたのために喜び叫んで踊る。

（ゼパニヤ三・一七、ＮＪＢ）

神は、ただあなたに向かってほほ笑むだけではなく、あなたのために歌い、喜び叫んで踊るのです。主はあなたのことをすべてご存じです。あなたがどれだけ勘違いしやすいかも知っておられます。暗闇の中で星のように光りたいと切に願っているのに、なかなかそうできない時のこともご存じです。主はあなたの心の奥底にある思いを知っておられます。どこでがんばっているかも、心が引き裂かれるような痛みもご存じです。成熟していくためのプロセスを受け入れるかどうか迷うあなたの心を知って、主も心を痛めておられます。ほかのだれも知らないことも主はご存じです。そして、あなたの中にあるすべてのものを見て――私の中のすべて？　もう泣きそうです――「主は私たちのために喜び叫んで踊るのです。」

この神について、身近にいる人たちに私を通して知ってほしいのです。

～祈り～

お父さま、私は自分の信仰が、困難に遭うことによってさらけ出されることに気づいたので、心に葛藤があります。家族、友だち、同僚たちにそこまで私のことを知ってもらいたいかどうかちょっとわからないのです。彼らに、あなたのことを正確に示すことにこだわるのではなく、あなたが私を喜んでくださっていることに焦点を当てることができるように助けてください。すべてのことにおいて喜ぶことができるような、より強い信仰を築くことができるように、私をあなたの近くに引き寄せてください。イエスさまの名によって祈ります。アーメン。

ふりかえりと適用のために

1　あなたの信仰は、神との関係の深さをどう表しているでしょうか。

2　神があなたのために喜び踊っていることを知ってどう感じていますか。そのことは信じやすいことですか。信じられませんか。それはなぜですか。

3　喜びの人イエスの再発見

わたしの喜びがあなたがたのうちにあり、あなたがたが喜びで満ちあふれるようになるために、わたしはこれらのことをあなたがたに話しました。

ヨハネの福音書一五章一一節

笑うことを恐れているのは、心が神に安らいでいないからだ。

ジョージ・マクドナルド

聖書が〝喜びの書〟であることを忘れてしまう理由の一つに、聖書の主要な登場人物であるイエスを〝喜びの人〟として見ていないことがあると思います。みなさんはすでにイエスのことを知っています。心が興奮ではち切れそうな最良の日には、イエスは共にいてくださいました。これが幸せの絶頂！　そこに、イエスも共にいてくださいました。

でも、もう心が悲しみで崩れそうな最悪の時にも、痛みがあまりにも激しくて、これからも生きていけるかどうかわからないという時にも、イエスは共にいてくれました。イエスご自身も、すでにそのようなことを経験されたのです。

イエスが私たちを慰めることができるのは、イエスご自身が苦しみに遭われたからです。イザヤ書五三章三節にこうあります。「彼は蔑《さげす》まれ、人々からのけ者にされ、悲しみの人で、病を知っていた。」この箇所から、イエスがただ悲しみの人であったと言い切るのは簡単ですが、その側面からしか見ないなら、イエスを正しく評価しているとは言えません。なぜなら、イエスは喜びの人でもあったからです。

そしてイエスは笑った

神は人類を造られ、天と地を創造されましたが、残念なことに、最初の父と母は神に逆らい、罪と悲しみをこの地上にもたらしてしまいました。しかし、私たちの限りある理解をはるかに超えた神の計画として、父なる神はイエスに、人類と神との救いようもないほど破壊された関係を回復するための救い主となる役割を与えられました。その役割を果たすためにイエスは完璧な天を離れて、この地に来られたのです。そこには大きな苦しみや痛み、悲しみや嘆き、裏切りや喪失があることをご存じでした。だからイエスは、悲しみの人になられました。でも、その本質においては喜びの人でした。

これは重要なポイントです。イエスは、「役割」においては悲しみの人でした。しかしその「本質」は、つまり変わることのないご性質においては、喜びの人でした。実際には聖書にはこう書いてあります。「人の子が来て、人生を楽しんでいた」（ルカ七・三四、フィリップス訳）。いいでしょう？　人の子はうんざりして腰をかがめてよっこらしょっと来たのではないし、しかめっ面をして来たのでもありません。涙を拭うティッシュ箱がないと生きていけないような、場を白けさせる人として来たのではありません。イエスは食べること、飲むことを楽しみ、人生を楽しんでいました。「宴会していた」という訳もあります。[*1]

ではなぜ、歴史を通してイエスは悲しげで、真面目で陰気くさい姿に描かれてきたのでしょうか。なぜイエスを、悲しみの人でもあり喜びの人でもあったと理解するのではなく、深みのない表面だけの薄っぺらい人にしてしまったのでしょうか。

最もよく知られたイエスの肖像画を思い出してみましょう。教会にあるイエスの、非の打ちどころのない美しい絵です。私は教会でこれを見て育ちました。あなたもそうでしょう。その絵の中では、イエスの髪は完璧にスタイリングされていて、顔の周りで柔らかにカールしています。その顔には汗も、黒ずみも傷もなく、頬には毛穴ひとつありません。

ニキビもシワも、口の周りには笑いジワもなければ、その滑らかな肌には、ほほ笑みの兆候もありません。子どもの時、イエスの肖像画の近くでは真面目にしていなければならないと思っていたのを覚えています。部屋のどこでも笑ってよいのですが、イエスさまの隣ではダメです！

多くの福音派の教会が「柔和で温厚、虫も殺さない優しいイエスさま」を提示し、他の教会はイエスが最も苦しみ悶《もだ》えている姿でその聖なる空間を埋めています。実際、これまでの歴史を通して描かれてきたほとんどの絵画が、イエスの地上生涯の最も悲惨な日のことを描いています。鞭《むち》打たれ血まみれになり、頭に茨の冠をかぶらされた日、エルサレムの道で、鞭で切り裂かれた背中に背負った木の十字架の重みに倒された日、イエスが残忍に殺された日。

有名なイエスの肖像画の中には、十字架刑の直後の様子が描かれているものもあります。十字架から下ろされ、だらんとした傷だらけの姿です。感動を呼ぶ作品の一つが、ミケランジェロの「ピエタ」という作品です。マリアの膝にぐったりともたれかかったイエスの姿を描いています。親ならだれでも、自分が生んだ子をもう一度胸に抱き寄せたいと願う母親の悲哀に共感することでしょう。

なぜ芸術作品がイエスの最も悲痛な瞬間をとらえたのかわかる気がします。そこには神秘などないのです。イエスは死ぬために世に来られたのです。私たちの救い主となるために来たのです。救い主になるとは痛みを伴う、ということです。痛み、悲しみ、苦しみ。それを絵画に描くことは当然のことです。それは確かに起こったのです。しかも、実際はもっと悲惨だったのです。

問題なのは、そのような生々しいイエスのイメージと、他のイエスの快活なイメージとのバランスをとっていないことにあります。その結果私たちは、イエスの地上生涯は悲劇に終わった悲しみの人生だったのだと結論づけてしまうしかないのです。この不完全な世界で喜びをどうやって選んでいくのかと模索する中で、私はイエスの役割ではなく、その本質を表している、より快活なイエスのイメージの絵を発見しようと思いました。

私が見つけた最初のものは、最も有名なものでしょう。「笑うキリスト」という絵です。それが最初に登場したのは信じられないでしょうが、一九七〇年一月号のプレイボーイ誌です。(私が言っていることが正しいかどうか確かめるために、その雑誌を見つけようなんてしないでしょうね？　まあ、私を信じてください。)ヒュー・ヘフナーは、イエスが笑っていてもいいんじゃないか、というアイデアに捉えられたのです。それは、とても大きな驚きであり、これまで見てきたものとはまるで正反対のものだったので、彼は世に出すことにしました。

もう一つの絵は「笑うイエス」という絵です。数年前、キリスト教書店でその絵を見つけようとしましたが、もう扱っていないとのことでした。特別に取り寄せなければならず、三週間も待ちました。それで思ったのです。「イエスが苦しみ、傷つき、血を流し、死んでゆく絵は数え切れないほどあるのに、家に飾りたいような、笑って人生を楽しんでいる絵は一枚もないってどういうこと？」

イエスは生命力にあふれ同情心に満ちた人であり、悲しみも喜びも知る人で、人生の不完全さを承知の上で人生を満喫することのできる人だったのです。そんな人なら私も知り合いになりたいです。イエスが悲しみの人で、その上喜びを味わう人であるなら、私もそうなれるかもしれません。

ですから、これまであなたが教わってきたイエスのイメージを大改革したいと思います。イエスの態度、言葉、行いを通して、イエスご自身に証明してもらいましょう。喜びの良い見本がいないことを話してきましたが、イエス・キリストご自身ほどふさわしい人はいません。その生涯は、喜びの人生を求めているだれにとっても見本となるのです。

イエスの態度に見る喜びの人の姿

親たちが自分の子どもを連れてきて、イエスに触ってもらおうと集まって来る記事は、三つの福音書に記されています（マタイ一九章、マルコ一四章、ルカ一八章参照）。聖書にはこうあります「そしてイエスは子どもたちを抱き、彼らの上に手を置いて祝福された」（マルコ一〇・一六）。今日の親は、見知らぬ人が子どもたちの近くにいないかどうか特に用心し、子どもたちが危険にさらされることのないようういつも注意するものです。イエスに自分の子どもたちに触れてもらい、抱いて祝福してほしいと切望していた親たちは、イエスが子どもたちに優しくしてくれることをわかっていたに違いありません。

親たちが、イエスは子どもたちを惹《ひ》きつけるお方だと自信をもっていても、子どもたちがイエスの周りにいたいと思うかはまた別の話です。ですが、イエスが触れようとした時に子どもたちが後退りしたとは書いてありません。ご存じのように、子どもたちはだれがおもしろい人か、そばにいたくない人か察する術をもっています。孫たちは私の究極の喜びで、一緒にいることをいつも楽しんでいます。でも、彼らはおじいちゃんのことを特別に大好きのようです。ある日、四歳になるケイラブが夫リックの耳元でささやきました。

「おじいちゃんはぼくの大好きな友だちだよ。」　孫たちは、リックのそばにいるのが大好きです。リックは遊びの達人だからです。リックは声が大きく賑やかで、くすぐったりふざけたり、孫たちが喜ぶようなおかしなことをするのです。

最近、孫が通う小学校で「おじいちゃんおばあちゃんの日」というのがあった時のことです。孫のカイリーとキャシディの教室で参観が終わると、休み時間になったので校庭に出ました。規則には徹底的に従う性格の私は、他の人々と一緒に、校庭で日除けの下に座っていました。するとリックが、八歳のカイリーと六歳のキャシディを従えて私の前を走りぬけて行ったのです。そして振り返りざまに、「孫たちと遊んでくるから！」と叫びました。当然のように私には緊張が走りました。「そんなことしていいの？　学校の規則に違反してない？」　リックが孫たちと騒がしく「赤信号　青信号」〔訳註＝だるまさんがころんだのようなゲーム〕をやり始めると、数秒のうちに、笑い声や賑わいに誘われて小学生たちがリックの周りに群がって来ました。そして間もなく、何人もの子どもたちが声を上げながら、「青信号！」と叫ぶリックのほうに走り寄っていきました。そして赤信号の場面になってリックが子どもたちを追いかけると、きゃーっと金切声をあげてセーフゾーンに逃げて行くのでした。耳をつんざくような笑い声の中で、カイリーが元気いっぱいの声でこういうのが聞こえました。「おじいちゃんはいつもパーティーを始めるんだ！」　本当にそのとおりです。

　子どもは知っています！　だれがおもしろい人なのか。人となられた神にしかできない優しさで、イエスが子どもたちを腕に抱き寄せ、キスをした後、子どもたちの笑い声があふれたに違いありません。イエスは子どもを引き寄せて、耳元でこんなふうにささやいたのではないかと思います。「あそこに木があるだろう？　わたしはその木を造ったんだよ。素敵な木だと思わない？」　イエスは子どもたちとそのような楽しい会話をしていたので、子どもたちはいつも一緒にいたいと思ったことでしょう。そのことを考えると、イエスはどんな方であったのかがわかりますよね。

　子どもたちばかりではなく、大人たちも群れになってイエスにどこまでもついて行きました。あまりについてくるので、イエスが一人で祈る時間を取れないほどでした。

　人々がいつも周りにいたのは、イエスが目を見張るほどハンサムな男性だったからというわけではありません。実際、聖書にはこうあります。「彼はハンサムな王というわけではなかった。見栄えがすると思えるような姿ではなかった」（イザヤ五三・二、ＣＥＶ）。その名状し難い何か人を惹きつけるものが、人々をイエスに引き寄せていたに違いありません。振る舞い、人とのやり取りの仕方は魅力的で、こんな人となら一緒にいたいと思わせるような存在だったのでしょう。

イエスが「たくさんの」宴会《パーティー》に招かれたのもうなずけます。よほどの義理がなければつまらない、退屈な人はパーティーには招きませんよね。パーティーをより盛り上げ、活気あるものにしてくれる、おもしろくて楽しい人を招こうとするでしょう。

ですから、イエスがたくさんの宴会に招かれただけでなく、多くのたとえ話が宴会を題材にされていることは興味深いと思います。多くの話が、だれが宴会に招かれて、だれが招かれなかったかに関するものです。イエスが人生を楽しまれたことを思えば、当然のことでしょう。イエスは宴会を心から楽しんでいたので、イエスを大食いの大酒飲みと非難する人たちもいました。

イエスは大酒飲みではありませんでした。ただ宴会が好きだっただけです。部屋の隅にある観葉植物のそばにポツンと座っているのではなく、人の間に入っていく人でした。そんな彼を人々は大好きでした。イエスの人生に対する態度を見れば、喜びの人だったことがわかります。

言葉を通して知る喜びの人の姿

喜びの人イエスを再発見するには、喜びという本質を、どのように言葉を通して伝えていたかを見るとわかります。イエスが喜劇を演じていたなんて私たちは考えもしませんが、彼は冗談を言っていたのです！　そして、実際かなりおもしろかったのです！　イエスが冗談を語り、聴衆と大笑いしたことは、イエスを陰気で真面目な人でしかないと思っていた人には衝撃的かもしれません。問題は、あなたも私も、イエスのユーモアを理解していないことにあります。言葉や文化時代に違いのせいで、イエスが意図したことを十分に理解できないのです。ユーモアを理解できないために、そこを読み飛ばしていってしまうのです。

たとえば、ルカの福音書一八章二五節を見てみましょう。それを音読してくださいと言われたら、あなたはおそらく平坦な一本調子で、どこを強調するでもなく、たいした抑揚もつけずに読むでしょう。「金持ちが神の国に入るよりは、らくだが針の穴を通るほうが易しいのです」（ＮＫＪＶ）。つまらない！　いつも私たちは電話帳でも読むかのように聖書を読んでしまいます。イエスはそんなふうに読まなかったのは確かです。ユダヤ人の文化で、何かおかしなことを言う時によく行われていたように、大げさな描写をしていたのです。聴衆は、なんて愉快な人だ！　と大喜び。人々は、イエスの口からあふれてくるおかしな言葉や冗談が信じられませんでした。

なぜイエスはそんなにユーモアを使ったのでしょう？　ユーモアの良いところは、今もそうですが、ひとたび笑わせたら、そこに真理を滑り込ませることができるところです。笑っている時に真理を拒絶することはあまりないでしょう。それでイエスは、自分の教えを警戒していた聴衆に真理を教えるために、要領よくユーモアを使ったのです。

イエスの教えの中で、他にも笑いどころがあるものを見てみましょう。

マタイの福音書二三章二四節で、イエスはパリサイ人や律法学者に警告しています。「目の見えない案内人たち。ブヨは濾《こ》して除くのに、らくだは飲み込んでいる」（NLT）。イエスは彼らが、隣人を愛するという非常に大切な律法を無視しながら、手を洗う決まりのことでほんの些細《ささい》なことにこだわる習慣のことを言っています。それは、イエスによれば、らくだを丸ごと飲み込もうとする時に、喉に引っかかる小さな虫を濾して取ろうとしているようだ、というのです。私たちにはそれほどおもしろくないかもしれませんが、当時の聴衆には最高におもしろい、ピリッとくるユーモアでした。

私が好きな冗談は、マタイの福音書七章三、五節です。イエスは定期的に集まって来た大群衆を前に語っていました。弟子たちが明らかにつまらないことで言い争いをしていたことに気づいたようです。そこでも大げさなたとえを使って語っています。「あなたは、兄弟の目にあるちりは見えるのに、自分の目にある梁《はり》にはなぜ気がつかないのですか。……まず自分の目から梁を取り除きなさい。そうすれば、はっきり見えるようになって、兄弟の目からちりを取り除くことができます」（NLT）。

自分で読んでみてください。親友や今週会う予定のある教会の友人に向かって、この聖書箇所を読んであげてみてください。大げさに。友だちの目の中にある小さなちりや、自分の目の中にある巨大な梁を、手や腕を「大きく」振り回して表現してみてください。ちょっとした「実験」の終わるころには、聴いている人たちは笑っていないとしても、少なくともニコニコして聞いてくれるでしょう。自分は間違いだらけなのに、友だちのちょっとした欠点をあげつらうというばかばかしさがはっきりわかるでしょう。そして、イエスのパワフルなコミュニケーションのやり方がわかってくるかもしれません。新しい見方でこのような物語を読むと、イエスの言葉が生き生きとし、人との関わり方も真実味をもって迫ってきます。イエスが実在した人々に語っている、実在した人に見えてくるでしょう。イエスは真の喜びの人です。

行動を通して知る喜びの人

ヨハネの福音書二章でイエスは、カナの町で結婚式に出席していました（またパーティーですよ！）　結婚式ではワインをふるまうことになっていました。さて、主催者が予定していた以上に多くの人が集まったのかどうかはわかりませんが、お祝いの終わりごろになってワインが切れてしまいました。残っているのは水だけです。

イエスの母マリアが同席していました。マリアはイエスを見て、こんなふうに言ったのでしょうか。「なんとかしなさいよ。何かできるでしょう?」

イエスはこう答えます。「なぜわたしのところに来るのですか? わたしの時はまだ来ていません」(ヨハネ二・四、GW)。

これまで何年もの間、教会でこの物語を聞いてきましたが、イエスはこんなふうに言っていたように想像していました。「お母さん、放っておいてくれない? そんなふうにしたらバレちゃうでしょう? ちょっと落ち着いて、一人にしておいてくれない?」 イエスは母につらく当たり、嫌な思いをさせ、出しゃばるなと言います。

でも今は、イエスは母親にそのような口の利《き》き方をしたとは思いません。イエスのことがよくわかってきたので、今はこんなふうに言ったのではないかと思うのです。親しみをこめて、何かを共謀しようとしているようにささやいて、「しぃーっ! お母さん、ぼくを信じてくれてありがとう。うれしく思うよ。でも今日じゃないんだ。まだ時は来ていないんだ。お母さん、ありがとう。でも、まだなんだ。」

おもしろいと思うのは、イエスは結局、ためらうことなく水をワインに変えたことです。

しかもその辺のスーパーで売っている安いワインではなく、芳醇《ほうじゅん》な香りのする上等なワインです。聖書は、そのワインはその日一番のものだったと言っています。

最初の奇跡をなぜ結婚式の時に行ったのかはわかりませんが、公での働きを始めるのに人が集まるお祝いの席を選ばれたのは、イエスが喜びの人であるという本質に完璧に合致していると思います。そのことはイエスがどのような方であるか、重要なことを物語っていると思います。

イエスが喜びの人であることを表しているもう一つの物語が、マタイの福音書一四章にあります。イエスは何千人もの人に一日中仕え、群衆から抜け出ることができなくなっていました。静かな場所へ行って憩《いこ》う必要を感じ、弟子たちに舟に乗って向こう岸へ行くように告げ、ご自身は山に行って祈ろうとします。

その夜中、弟子たちは驚きます――というか、死ぬほど怖がります――イエスが水の上を歩いて近づいて来たのです。聖書には弟子たちが、イエスを幽霊だと思い、恐ろしさのあまり叫んだとあります。弟子たちがそれほど驚いたことをとやかく言う前に、水の上を歩く人を見た人はそれまでだれもいなかったことを覚えておきましょう。

イエスは、自分だと言い、恐れることがないように弟子たちに話しかけられました。ペテロはすぐに、水の上を歩いているのはイエスだとわかったようです。なぜなら、彼はこう言っています。「イエスさま？　本当にあなたですか。それでしたら、私に命じて、水の上を歩いてあなたのところに行かせてください。」

イエスは言います。「私だ。ペテロ。こっちへ来なさい。」

ペテロは舟から降りて、水の上を歩いてイエスのほうに行きます。イエスはペテロに向かってほほ笑み、歩いてくるのを待っています。

突然、湖からの冷たい風がペテロの長い上着を引っ張り、気を逸《そ》らされてしまいます。そして、今何をやっているのかと我に返って圧倒されてしまいました。「自分は今水の上を歩いている！」足元に目をやると、その途端に沈み始めます。そして叫びました。「主よ！　助けてください！」マタイの福音書一四章三一節にはこうあります。「イエスはすぐに手を伸ばし、彼をつかんで言われた。『信仰の薄い者よ、なぜ疑ったのか。』」

これまでこの箇所は、イエスが断罪しているような口調で聞こえてきていました。「ペテロ！　おまえの面倒は見てやるのだと何度言えばいいのか。手をつかめ、早く！　こっちに来い、信仰の薄いやつだ。」

でも、もうそんなふうには思っていません。私たちが信仰の一歩をやっと踏み出そうとする時にイエスは、こき下ろしたり見下したりするようなことはしません。実際、ペテロは舟から降りた時に信仰の一歩をやっと踏み出したのです。神は、ペテロには非難ではなく、励ましが必要だったことはご存じでした。

イエスはペテロを優しい眼差しで見つめ、自分のところに引き寄せてこう言ったと思います。「ペテロ、ペテロ、信仰が薄いなぁ、なぜ疑ったんだ？　おまえの面倒は見ると言ったではないか、わたしはいつもそばにいるんだよ。」　私たちが神に仕えようとして失敗してしまう時にも、このように言ってくださるのです。

マタイの福音書一四章の他の物語では、イエスが町におられると知った五千もの人が、病を治してもらおうと集まって来ました。おそらく、彼らは妻や子どもたちを連れていたと考えられるので、一万五千人ほどの人々がいたと思われます。

夕方になると、家に帰ろうとしない多くの人々にどのように食事を与えようか、弟子たちは心配し始めました。彼らはどうしようか話し合い、群衆には家に帰り、自分たちで食事をとるよう、イエスに言ってもらうのがいいと決めます。弟子たちは群衆に向かって何と言うかをちゃんと暗記し、イエスはそのやり方を褒めてくれるだろうと思っていました。ところが、イエスは変化球を投げてきてこう言ったのです。「彼らが行く必要はありません。あなたがたがあの人たちに食べる物をあげなさい」（一六節）。

弟子たちは何をすればよかったのでしょう？　五千人もの人に食事を提供することなどできません。ましてや一万五千人もの人にです。イエスは言いました。「あなたがたが食べさせなさい。」

同じように、ここでも私たちはよく知っている話を読み飛ばし、物語の迫力を見逃してしまい、その上、味気ない読み方で読み上げることで問題をさらにひどくします。イエスは弟子たちにこんなふうには言いませんでしたよね。「おまえたちはまたやっちまったな！　昼食当番にしたのに、何をしたんだ？　女性や子どもたちの数も数えなかったのか？　もう何も任せられないじゃないか。わたしが自分で何でもやらなくちゃならないなんて。」

そうではなかったのです。弟子たちはその時の必要を満たすことはできませんでしたが、心配する必要はないのだ、ということをイエスは示したかったのです。イエスは面倒を見てくださる方であり、実際そうしてくださいました。少年が持っていた魚とパンを取り、それを裂いて増やし、そこにいたすべての人々に食べさせたのです。しかも聖書によると、余ったパン切れを集めると十二のかごがいっぱいになりました。イエスはご自身に付き従う者たちの面倒を見てくださいます。弟子たちが、言われたことをどうやってやろうかと迷っていても、非難することはありませんでした。

みなさん、イエスは喜びの人でした。イエスこそが喜びの人だったのです！　その態度を見ればわかります。イエスを愛してやまない人たちが続々とやってきました。その言葉を聞けばわかります。イエスはコミュニケーションに長けていて、二千年前に直に聞いた人たちだけでなく、今日の私たちをも魅了するのです。その行動を見ればわかります。ユーモアをもって人々に接し、人間であるがゆえの弱点を忍耐をもって理解し、彼らが霊的に何を必要としているのか気づけるように、適切に促してくださいました。

イエスの喜びという本質は、特に弟子たちとの会話で明らかにされています。イエスと弟子たちは三年間毎日、生活を共にしました。その間、イエスは弟子たちにスケジュールの調整をさせて、巡回説教者のようには過ごしはしませんでした。「さあ、いいかい、今日の予定を見てみよう。午後にろばの手配をしてくれるのはだれ？　そうそう、わたしが行くことをみんなに知らせておいてくれ。」　また教える間、弟子たちを静かに座らせておくような、よそよそしい大学教授のようでもありませんでした。「今日は話したいことが三つある。後でテストするから聞いたことをちゃんと書き留めておくように。」

そうではありません。イエスは彼らと共に生活されたのです。弟子たちは、村から村へと長旅をして汗臭くなったイエスを知っていました。空腹でお腹が鳴るのも聞いています。おならをしたり、ゲップをしたりするのは、何回も聞いていたでしょう。興味本位で言っているのではありません。私は本当にそう信じているのです。ほぼ三年もの間、イエスは目を覚ましているほとんどの時間、それだけでなく眠っている時もこの十二人と過ごしました。彼らがお互いを知らないわけがありません。イエスは友人たちと、自分たちにしかわからない冗談や、おもしろい話、感動的な思い出を共有していたことでしょう。そのようなことは、共に時間を過ごそうとしなければ起こらないことです。彼らは事あるごとに、お腹がよじれるほど笑ったと思います。イエスは、その一人ひとりを愛し、彼らを育てようと尽力しました。弟子たちの親や祖父母くらいまでの家族の名前も知っていたでしょうし、彼らを形成してきた家族の良いところも良くないところも知っていたでしょう。弟子たちを信じ、神との喜ばしい関係を告げる福音の知らせを、彼らに託しました。そして、地上生涯の終わりが近づいた時には、イエスは弟子たちと一緒にいることを望みました。彼らはイエスの兄弟となったのです。

悲しみあふれる世界の中での喜び

イエスが喜びの人であったことが、なぜそんなに大事なのでしょう？　あなたが思っている以上にずっと大切です。自分のために喜びの人生を求めてもいいのだと、だれかに言ってもらわなければならない人もいるかもしれません。あなたが負っている悲しみの重荷、健康の問題、人との関係の痛み、経済的不安、だれも知らない内面での葛藤や誘惑――時にそのような重荷に意気消沈してしまうと、喜びなんてあきらめてしまいます。時々私は、イザヤ書でイエスにつけられているタイトルが自分にぴったりだと思うことがあります。「悲しみの人、ケイ・ウォレン」のように。もしかしたら、この肩書きは今日のあなたにもあてはまるので、自分の名前を入れてもぴったりだと感じているかもしれません。悲しみを悲しみと認めていいと言われるのを待つのではなく、そこを乗り越えて、喜びにあふれた人生を選ぶことはできるのです。

イエスが苦しまれたのは事実ですが、そこで終わってはなりません。私たちが行動する時、またイエスのことを語る時に、そのことばかりが強調されてはならないのです。イエスがそれらの苦しみに耐えることを選んだのには理由があったのです。イエスが血まみれになり、打たれ、苦しめられることを、神がお許しになったのには理由があったのです。ヘブル人への手紙一二章二節を読むと、それらのことがイエスの身に起こることがなぜ許されたのか、本当の舞台裏の事情がわかります。「ご自分の前に置かれた喜びのために、辱《はずかし》めをものともせずに十字架を忍び……。」

では、「ご自分の前に置かれた喜び」とは一体何でしょう？　虐待を喜んで被《こうむ》るほど豊かで、満足をもたらす、深い喜びとは何なのでしょう？　「ご自分の前に置かれた喜び」とは、あなた、あなたなのです！　この私が「ご自分の前に置かれた喜び」なのです！　「あなた」と「私」と和解することができるように、イエスは苦しまれたのです。人々がイエスに唾を吐きかけると、弟子たちはどこかへ行ってしまいました。人々から罵られた時、イエスはその喜びのことを考えていました。鞭打たれた時、いばらの冠が頭に無理矢理押し込められた時、十字架にかけられていた時、御父の前に私たちを連れ戻す喜びにすがっていたからこそ、耐えることができたのです。「彼女はここです。父よ、わたしは彼女をあなたのもとに連れ戻しました。」壊れた関係を修復する喜び、私やあなたと永遠に生きる喜び、それがイエスの「前に置かれた喜び」であり、その喜びのゆえに十字架の上にとどまっておられたのです。

神が与えたこの地での役割を果たすためには、捨てられ、裏切られ、苦しめられ、死ななければならないことをイエスは知っておられました。これから先何が起こるかを十分に知りながらも、イエスは笑い、冗談を言い、子どもたちと転げまわり、人と深い関係を築き、意味のある働きをなし、喜びを味わうことを選んだのです。

イエスの生涯は、二本の線路が一本に重なっていくたとえそのものです。イエスは時として、暗闇を纏《まと》ってやって来る喜びをどうとらえたらよいかを教えてくれています。その喜びのために、だれも味わったことのない深い苦しみを耐えられたのです。

これがイエスの生涯が語っていることです。とんでもなく重い荷、痛み、葛藤を味わいながらも、世界をその肩に背負っていても喜びを味わうことはできる、ということです。

イエスの人生は、何があっても、喜びを味わうことは可能だと思い出させてくれます。悲しみの世界の中にあっても、自分は喜びにあふれた人生を求めていいのだという許可を、イエスの生涯は与えてくれます。

～祈り～

イエスさま、あなたがどのような方であるのか教えてくださってありがとうございます。あなたは喜びでいっぱいの救い主なのですね。イエスさま、あなたが十字架上で死のうという時に、私とひとつになる喜びを抱いていてくださいました。その喜びのゆえに、苦しみを、死を忍ばれました。その喜びのゆえに、あなたとの関係を回復する道を作ってくださいました。私の罪と反抗を負ってくださりありがとうございます。あなたの生き方によって、私たちがどう生きるべきかを教えてくださってありがとうございます。悲しみの中にいたとしても、祝福と喜びと笑いを知ることができることを示してくださりありがとうございます。喜びを選ぶとはどういうことなのか教えてください。イエスさまの名によって祈ります。アーメン。

振り返りと適用のために

1　イエスの言葉を読み返し、ユーモアを探してみてください。使われているたとえで笑ってもよいのです。

2　悲しみの人であり喜びの人であるイエスさまが、今日あなたと共に歩んでくださっていると想像してください。あなたと一緒に、どんなことで笑うでしょう？　どんなことで泣くでしょう？

パートⅡ　喜びは私の確信

新しい考え方を発見しましょう

結婚したばかりのころ、喧嘩《けんか》をしてもどう仲直りをすればいいのかわかりませんでした。リックと意見がぶつかり傷ついてしまうと、たとえ彼のほうは仲直りする用意ができていても、私は躊躇《ちゅうちょ》していたのです。私は、自分から嫌な気持ちがなくなってまた自然に仲良くなれるのを待つのですが、何時間経ってもその嫌な気持ちはなくなりません。なぜ自分の気持ちが変わってくれないのかわかりませんでしたが、何度喧嘩しても同じことを繰り返していました。

ついに、ある人が私たちの関係を変える法則を教えてくれました。それは、私たちは自分がどう考えるかに従って行動しているのであって、どう行動するかでどう感じるかが決まる、というものです。私は、「考え方」が変わるには、「感じ方」が変わらなければならないと信じていました。でも本当は逆なのです。最初に考え方が変わり、次に行動が変わり、そしてそれに感情が伴っていくのです。赦せる心で行動できるように感情が変わるのを待つのではなく、自分の考え方を変える必要が私にはありました。心の中で言い争いの練習をするのではなく、神のことばを繰り返さなければならなかったのです。人との関係のことで、自分の考え方が神のことばに沿うように回復すると、自分がそうしたいと感じるかどうかにかかわらず正しい選択をすることができました。リックはよくこのように言います。「感情で行動を変えることはできないが、行動によって感情を変えることはできる。」

ですから、喜びが感情だけでないことは良いことです。ピリピ人への手紙四章四節にこうあります。「いつも主にあって喜びなさい。もう一度言います。喜びなさい」（ＮＬＴ）。感情に命じることはできませんが、思考や行動に命じることはできます。神は、感情が最後にならないとついてこないのをご存じの上で、どう考え、どう行動すべきかを教えておられるのです。

すでに考えてきたように、喜びとは神への「ゆるぎない確信」であり、神への「ひそかな自信」であり、そして神をたたえる「決意」です。このゆるぎない確信をもつためには、神がどのような方であるのかについて、しっかりとした確信をもっていなければなりませんし、神についての正しい考え方をもっていなければなりません。

第二章でヤコブの手紙一章二節から四節を見ましたが、もう一度見てみましょう。

「試みや難題があらゆるところからやって来たら、それは純然たる賜物だと考えなさい。プレッシャーがあるときには、信仰の本質が暴かれ、正体がさらけ出されるのを知っているでしょう。だから、早くそこから抜け出そうとしてはいけません。なされるべきことに身を任せなさい。そうすればあなたは成熟し、より向上し、欠けたところのない人になります。」

（ザ・メッセージ、傍点著者）

他の訳では、苦しみにあったら「喜びとみなしなさい」とあります。また「試みや問題がやって来たら、それは喜ぶ絶好の機会だと考えなさい」というのもあります。「考える」「みなす」「知る」――これらの言葉は知性と関係があります。考え方です。ある状況をどう見るかです。

この聖書箇所を見ると、喜びは知性から始まることがわかります。本書の後半で取り扱うように、喜びは心、感情、態度とも関係があります。結局は、喜びは私たちが「することと」に帰結するのです。でも喜びは、人生の中に起こる試みにどう応答するのかを変えてくれる新しい考え方から始まります。

神のその本当の姿を見る時、人生に対する見方が根本的に変わります。パートⅡではそのことを考えていきます。

4　乾いた井戸から飲む

イスラエルの聖なる方、神である主はこう言われる。「わたしに立ち返るならあなたがたは救われる。あなたがたは安らぎを得る。あなたがたは静まり、わたしを信頼することによって力を得ることができる。しかし、あなたがたはこれを望まない。」

イザヤ書三〇章一五節（GW）

見つけてもそれに満足しないのは、それが本当に願ったものではなかったからだ。

C・S・ルイス

考えてみてください。これこそが自分に喜びを与えてくれるものだと思っていたものが、本当はそうではなかったとしたら？　自分が満足できるものを全く的外れな場所で探しているのに、それに気づかなかったら？

聖書は、喜びは私たちすべての人が得ることができると語っているのに、多くの人がそれを得られないでいます。死に物狂いで、喜びへの渇望を潤してくれそうなものを、なんでも試そうとします。人に求め、住んでいるところに求め、住みたいと思うところに求めます。持ち物、地位、性格に求めようとします。

これらのものは、しばらくの間は幸福感をもたらしてくれるかもしれませんが、結局は役に立ちません。なぜなら、すでに言ったように、幸福感だけでは決して満たされないからです。これこそ人生に喜びをもたらしてくれるだろう、とあてにしてきたものでは十分ではないのです。

こんな状況を考えてみてください。あなたは焼けつくような暑さの中、砂漠を歩いています。何日もの間、ぐるぐる同じところを歩いていました。迷子になってしまったのです。喉は渇き切っていて、早く水を見つけないと死んでしまいます。すると、遠くにレモネードスタンドのようなものが見えました。そこにはネオンが輝いていて、「いのちの水はここにあります」と書いてあります。神はそのスタンドに立ち、冷たい水が入ったコップを持ってあなたを待っています。あなたはよろけながら何とかたどり着きますが、神に向かってこう言います。「神さまありがとう。水の入ったコップを持っていらっしゃいますね。そうやってくださることはとてもうれしいのですが、勝手ながら、私はそこにあるシャベルで、自分の井戸を掘ろうと思うんです。」 そこであなたはシャベルをとって掘り始めます。そしてがんばった挙句、水を貯えることのできる井戸を掘ることができました。でもまもなくその井戸にはヒビが入り、水がなくなってしまいます。そして、また喉が渇きます。その間中、神は、あなたのどうしようもない渇きを潤せる元気の出る冷たい飲み物を手に待って、忍耐深く待っています。

こんなシナリオを読んでピンとこないでしょうか。これは私が喜びを探し求める話かもしれません。渇き、助けを求めるのに、神の招きを無視し、必死になって自分で探そうとし、結局は潤されることがない。

もちろん、間違った場所で喜びを探していたのは私たちが初めてではありません。何世紀も前、イスラエルの民は神が贖《あがな》い主であることを忘れました。彼らは、エジプトから救い出してくれた神ではなく、周辺の人々が礼拝していた偽りの神々に頼りました。

預言者エレミヤを通して、神はイスラエルの民に告げました。「わたしの民は二つの悪を行った。いのちの水の泉である私を捨て、多くの水溜を自分たちのために掘ったのだ。水を溜めることのできない、壊れた水溜めを」（エレミヤ二・一三）。

ここでエレミヤは、聞き手にわかりやすい言葉を使っています。「いのちの水」とは泉から湧いてやむことのない水のことを指しています。当時イスラエルでは、最も信頼できる新鮮で冷たくきれいな水は泉から得ていました。対照的に井戸は、雨水を集めるために岩を掘って作られた大きな穴でした。井戸の水は汚いばかりでなく、雨が少なければすぐに枯れてしまいました。また井戸は頼りになりません。もしヒビが入ったら水を蓄えることができないからです。

ですから、泉よりも井戸を選ぶなんて全く見当違いなことでした。しかし、イスラエルの民が偽りの神々を追い求めて、自分たちの神ヤハウェを捨てた時にしていたのは、そういうことなのです。

イスラエルの民のように私たちも、人生の満足を満たしていただこうと、神のもとに行くのではなく、シャベルを持って自分の井戸を掘り始めます。自分の井戸は、魂の渇きを潤すのに十分な水を蓄えてくれると信じているのです。そして人生に喜びが足りないと思えば、自分の井戸こそが喜びを与えてくれるかもしれないと、それに頼るのです。

問題なのは、あなたや私が掘った井戸は大変な時を乗り越えるために十分な水を蓄えることができないということです。井戸はひび割れ、水が尽きてしまいます。それでも神に向くのではなく、私たちはがんばってもっと掘ります。そして、喜びを与えてくれない、その同じところで喜びを見つけようと、毎日重い足を引きずっていくのです。

ラリー・クラブはこう言っています。

「人々は自分の渇きに反応して間違った方向に行こうとしている、ということだ。

つまり、人々は自分の渇きを取り扱ってくださる神を信頼するのを拒否した。信頼する代わりに、自分自身の満足を得ようとコントロールし続ける。心の熱望を満足させようと決意してシャベルを手に取り、水溜めを掘ろうとあちらこちらを探し回り、そうして自分で充足を得ようとする。簡単に言えば、自分で自分の人生を歩みたいのだ。堕落してしまった人間は、傷つくことにおびえながらも、同時に神に頼らないように懸命になる。*1」

私にも一度ならず同じようなことが起こりました。こんなことは今まで何度もありました。心を大きく痛めるようなことが起こると、孤独と恐れを感じ、不安になります。そして、こう思います。「だれかと話さなくちゃ。リックは忙しい。友だちに電話しよう。あの人なら聞いてくれるわ。」そして友だちに電話をかけます。彼女は聞いてくれて、すばらしいアドバイスをしてくれます。一緒に祈ってもくれるし、みことばを分かち合ってもくれます。それもしばらくは助けになりますが、電話を終えた後には、また不安になっている自分に気づきます。まだ満たされていないのです。

気分を変えようと、大好きな音楽をかけます。でも、気がまぎれるのも少しの間だけ。不安を感じていた理由を思い出すと、再び満たされない思いになるのです。

「食べ物よ！　何か食べればいいわ！」　私は冷蔵庫の中をあさり始めます。昨夜の残り物の炒めたポテトとニンジンを見つけます。なんておいしいの！　でもまだ満たされません。「チップス！　チップスとサルサ！　チップスとワカモレ！　チップスと、何でもいいわ！　イライラを止めてくれるなら！」

数分のうちに大量のチップスを食べても不安はそのまま、ただお腹が痛くなるだけです。私はまだ自分の渇きを満たすことに夢中になっています。「チョコレート！　チョコレートがダメなんて言わせません。」　私はチョコレートに手を伸ばします。

でも数分のうちに、身に覚えのある痛みが再び襲ってきます。「神さま、なぜ私はまだ満たされないのでしょう？　お腹がいっぱい！　友だちにも話したし、自分から目をそらそうともしました。でも、なぜまだ満たされないの？　ところで、なぜあなたは助けてくれないんですか。私は喜んでいようとすごく努力しています。でもなぜあなたはそこに立って何もしないでいるの？」

私は、井戸を自分で掘ろうとしてきました。喜びを見つけようとして、何度も何度もシャベルを手に取りました。そして神は、私が自分の井戸を掘ることを決して手伝ったりはしないのだということに少しも気づかず、ただ神に対して憤慨《ふんがい》し、怒っていたのです。

神は他の物や人を使って、私たちに水を下さるかもしれません。でも、神は私たちが井戸を掘るのを助けてはくれません。それは意地悪だからではなく、私たちの掘る井戸は、渇きを潤すことはできないと知っておられるからです。神は私たちがご自身のもとに戻って来て、神が下さるいのちの水を飲むように仕向けておられるのです。

著作家であり、牧師でもあるM・クレイグ・バーンズは次のように言います。「イエスは、私たちが失いたくないと思っているような物に頼るようにと教えて私たちを救おうとはしていない。……神以外の物や人からの救いを求めるようなどんな努力も、神は捨て去るのだ。[*2]」

では、私たちがいつまでも続く喜びを手に入れようとしている、偽りの喜びの源である壊れた井戸がどのようなものか、見てみましょう。

愛を求める――人に

私が誤って喜びを求めてしまうのは、人に対してです。夫、子ども、友だち、一緒に働く人たち。私はいつも彼らから喜びを得ようとします。彼らが私に満足していれば、私は幸せだし、彼らが満足していなければ、私もうれしくはありません。残念なことに、私の喜びの度合いは、関わる人たちに左右されるのが常だと言えるほどです。

喜びに関して最も大切な、頼りになる人は夫です。リックはとても感情豊かな人です。彼は自分では気づかない時も、顔にいろいろな感情が行き来しています。私はいつもその表情が何なのかを解釈しようとし、自分が何か関係しているのかと考えます。「その表情は私に怒っているっていうこと？　あのため息は何なのかしら？　彼はこう言ったけど、別の意味じゃなかったのかしら？」　私は常に彼の気持ちを推し量っているのです。

忙しくストレスの多い一日を終えて家に帰ってきた時にリックがしたいのは、ソファーに腰を下ろして新聞を読み、夕飯の前にちょっとだけテレビを見ることです。私が、私の一日にどんなことが起こったのかを早く話したいと思っていることなど、彼はいつも気にかけているわけではありません――特に帰ってきたばかりの時には。でも気をつけていないと、彼のその時の状態は疲れているからではなくて、私のせいだと思ってしまうのです。リックのなすこと、言うこと、感じていると思われることが、私の喜びのバロメーターに直結してしまっているので、喜びは沈んでいってしまいます。

私の喜びのバロメーターは、配偶者への期待と密接に関係していることに気づきました。しかも、とても高い期待をもっているのです！　私がまず期待するのは、リックが自分の話をちゃんと聞いてくれることです。それは間違っていないでしょう？（これが私だけではないことは、自分でもよくわかっています。）　そして聞いてもらうだけではなく、私が何を言おうとしているのかもわかってほしいのです。その上、「いちいち説明しなくても」わかってもらいたいのです。リックは私をよく知っているので、言わんとしていることを正確に理解し、言葉になっていないことでもわかってほしいのです。彼の人生の中でたとえ何が起こっていようとも、いつもどんな時でも、あらゆる会話の中でそれを知ってほしいのです。そして、もしリックが私の当然の期待に応えられなければ、私の喜びはしぼんでしまいます。実際、暴落します。私の言っていることがわかりますよね？

　また、私はわが子を通して、自らの喜びを満たしたいという強い思いがあると気づきました。正直に言いましょう。感謝してほしいし、満足を得たいのです。そして、こんな非現実的な夢を抱いています。子どもの部屋に入って行き、片付けるように言うと、「あぁ、どうもありがとう」と子どもたちが言います。「ぼくたちの人格のことを気にかけてくれてありがとう。立派な大人になることを願ってくれてありがとう。喜んで部屋をきれいにするよ。そして『皿も』洗うよ。そして『時間どおりに』家に帰ってくるよ。文句を言わないでやるよ。ママのためにね、あぁ、ぼくのすばらしいママ！」私たちは、自分が喜びに満たされたいがために、そういうことを聞きたがっています。でも、実際にこんなことが起こったことはありますか？　まだ？　私もです！

　本当のことを言えば、私は子どもたちを見てこう思うのです。「ちゃんとわかってね。

あなたは私に借りがあるの。命を与えて、産んであげて、あなたのせいでゴージャスな体型を失ったのよ！　すべて垂れ下がってしまったのはあなたのせいよ！　あなたは私に、かなりの借りがあるんだからね！」

もっと大事なのは、心の隠れた部分でこのように思っているかもしれないということです。子育てがこんなに大変だと思っていなかった。自閉症を持った子ではなく健康な子どもが生まれると思っていた。養女にした時、私を拒絶することなく愛を全部受け入れてくれると思っていた。夕飯の時に、キッチンで子どもを追いかけ回すのは充実した時間であって、叫び回る時間ではないと思っていた。

私たちはいつ気がつくのでしょう？　私たちが感謝されたいから子どもたちがいるのではないし、私たちの期待に応えるために生まれてきたわけではありません。彼らは神に与えられた目的を果たすためにいるのです（詩一三八・八）。

それでも、毎日毎日私たちは子どもや配偶者や友だちや同僚たちに、心を満たしてほしいと求めてしまいます。そして、彼らがそうしないと怒るのです。彼らは私に借りがあるはずのに！　その時、私たちは武器を手にします。私が傷ついた時によく使う武器は決して誇れないものですが、あなたが自分の武器が何であるかを考えるなら、私もどんな武器を持っているのかを教えましょう。だれかに失望させられた時には、その人に冷たくするか（距離を置くというようなわかりにくい方法で）、ナイフのように鋭い皮肉を言うことです。

私たちは自分の好きな武器を持って、自らの態度を正当化します。相手が変わりさえすれば私は喜べるのに、と決めるのです。

なぜでしょう？　それは、その人たちが満たすことのできない自分の必要を満たしてほしいと思っているからです。彼らにはそうする義務もないのに。

踵《かかと》を鳴らせばいいだけ――場所

私たち夫婦は結婚後、アパートに住むことにしたのですが、そのアパートでは入居者がライムグリーン色、淡い青色、濃い茶色のテーマカラーから一色を選ぶことができました。カーペット、壁紙、各部屋の壁の一部がその色で統一されているのです。それは七〇年代でサイケ調が流行っていたころだったからか、私たちが選んだのはライムグリーンでした。なぜその色？　なんて聞かないでくださいね。はじめは新鮮で今風でイケてると思ったのに、すぐに嫌気が差してきました！　小さいアパートのほとんどの壁に塗られた蛍光色のライムグリーン色から逃れられないのです。「私たち何を考えていたの？　なぜ淡い青色にしなかったの？」リックに嘆きをぶつけました。「ライムグリーン色のカーペットの家になんてもう絶対住まない！」なんということか、その後引っ越した二つのアパートは、どちらのカーペットもライムグリーン色だったのです！　前にも言ったように、七〇年代ならではのことなのでしょう。

どこに住むかで後悔しているのは私だけではないはず。あなたもこんなふうに思ったことがあるのでは？

次は収納スペースがもっとある家に住むわ。
あんな様式の家にすればよかった。
もっと職場に近い家を借りればよかった。
もっと両親に近いところに住んでいれば――。
義父母がこんな近くに住んでいなければ――。

次にどんな所に住もうかと考えている自分に気づくことは、どれくらいありますか。私たちにとってどんな家、町、地域に住むかは大事なことです。でも問題なのは、新しい家、新しい町、新しい地域に引っ越しても、唯一変わらないものがあることを忘れています。

つまり、自分たちも一緒に引っ越すということです！　自分が必要としていることや期待していることは、私たちから離れないのです。

どこに住もうと、他の家といつも比較してしまいがちです。自分の家より大きくて、ずっと綺麗《きれい》に飾り付けがしてあり、より新しい家にクリスマスパーティに招ばれるまでは、自分の家に満足できます。そして、こんなふうに考えている自分に気づくのです。「あの家に住んいたら、パーティーを開くわ！　そして人を招くの！　ここではなく、あの家に住んでいたら、こんなミニストリーもできるのに！」　今住んでいる家でできるであろう良いことも、どこかへ行ってしまいます。そして、喜びも一緒に去ってしまうのです。

そこにあなたがたの心もある――持ち物

何かを所有することが喜びを見いだす手段であるという欺瞞《ぎまん》について、聖書は明白に語っています（マタイ一三・二二）。そして、物を所有することが罠《わな》になることを繰り返し語っています。ルカの福音書一二章一五節にはこうあります。「気をつけて！　どんな貪欲にも注意しなさい！　人の命はどれだけ財産を持っているかで測ることはできないのだから！」（NLT）。イエスはマタイの福音書六章一九節から二一節でこのことを明確に語っています。「この地上に宝を蓄えるのはやめなさい。そこでは虫やさびで傷物になり、盗人が壁に穴を開けて盗みます。天に宝を蓄えなさい。そこでは虫やさびで傷物になることはなく、盗人が壁に穴を開けて盗むこともありません。あなたの宝のあるところ、そこにあなたの心の願いもあるのです」（NLT）。

喜びがいつまでも続くようにと富を求めることは時間の無駄ですが、それによって、自分が実際に何を大切にしているかが明らかになります。しかしそればかりでなく、聖書は、「あれさえあれば、これさえあれば」と思っていれば、それによって、自分より経済的、物質的に豊かな人たちをねたんだり、うらやんだりするようになってしまうと語っています。

聖書は、「ねたみは骨をむしばむ」（箴言一四・三〇）と言います。ねたみは鬱憤《うっぷん》しかもたらしません。鬱憤は私たちの人格の中心に入り込み、健全さを生み出すはずの核心部分にまで入り込み、内側から私たちを破壊します。鬱憤は醜いもので、私たちを嫌な、冷たい人にしてしまいます。

小さいころクリスマスの朝、プレゼントの新しいおもちゃに興奮して、どれだけ幸せだったか覚えていますか。でも、隣の家に行って、もらったおもちゃを仲良しの友だちに見せると、その子はもっとたくさんもらっていて、急に自分のもらったプレゼントが色あせてしまいます。友だちの幸運を喜ぶのではなく、ねたみが生まれると喜びは一瞬にして消え失せてしまいます。歳をとるにつれてそれは悪化し、おもちゃもどんどん高度になっていくのだと、子どものころの私にだれかが教えてくれたらよかったのに。

「あれ」さえあればもっと喜べるのに、と想像してみてください。私は今の車を運転して十年になります。そろそろ替え時です。「新しい車があったら、午前中はジムに行けるかもしれない。」「車を新しくしたら、いろいろなことが変わるかも。」「もし大画面の最新型のテレビがあったら、それか新しいパソコンがあったら、それが私の人生を変えてくれるかもしれないわ。ああ、それが間違いの原因だわ。私は〇〇を持っていないから（空欄を埋めてみてください）。」

そういうわけで聖書には人との関係より、金銭や物を重んじることへの厳しい警告の言葉があるのです。金銭や物を重んじることが、私たちから喜びを奪ってしまうことを神はご存じなのです。

その代わりに私たちは、使徒パウロの模範に従うことができます。ピリピ人への手紙四章一三節のみことばを、みなさんは暗誦《あんしょう》していることでしょう。「私を強くしてくださる方によって、私はどんなことでもできるのです」（ＮＡＳＢ）。でも、どんな文脈でこの言葉が語られているかを知らないかもしれません。パウロはピリピの友人たちに、自分の経済的な必要について心配しないようにと伝えているのです。なぜなら、「私は、どんな境遇にあっても満足することを学びました。私は、貧しくあることも知っており、富むことも知っています。満ち足りることにも飢えることにも、富むことにも乏しいことにも、ありとあらゆる境遇に対処する秘訣を心得ています」（ピリピ四・一一～一二）。貧しい中でも富んでいる中でも大丈夫だと安心させ、「それから」パウロはどうしてなのかを語ります。「私を強くしてくださる方、キリストによって」と。

パウロはこう言います。「私のことは心配しなくていいよ。どのようにしたら喜びを味わえるのか、満足できるのかを私は心得ているから。良い時も悪い時にもね。どちらにしても、イエス・キリストの力によって満ち足りることができるのだ。豊かに持っている時には、地上の富はすぐに消え去るものだと思い出し、もっと欲しがらないようにしている。貧しい時には、地上の富は自分の価値を決める物ではなく、神が私を養ってくださると考える。私は、救い主イエスから受ける力によって人生に向き合っているのだ。」

どおりでパウロが喜びに満ちた人生を送っているわけです！　所有物ではなく、イエスに力を見いだしていたのです。

孤高の人――地位

どこの教会にも、職場にも、組織にも、公然と、また暗黙のうちに階級というものがあります。階級のどの位置にいようとも、それが気に入っているうちは満足していますが、あなたのアイデアなのに他の人のものと認められたり、自分だと思っていたのに他の人が昇進したり、自分のほうが倍働いているのに他の人がもっと儲《もう》けていたりすると、幸せは窓から逃げていってしまいます。

まもなく、また昇進すればもっと幸せになれると思い始めます。そして、自分がやりたい仕事を担当している同僚から、どう仕事を奪うかを考えはじめます。もっと悪いことに、後から梯子《はしご》を登って来て自分の地位を押しのけようとするのはだれかを、振り向いて見ようとするのです。

地位や肩書きを得ようとすることは悪いことではありません。しかし、疑い、強欲、いら立ちのような環境では、喜びは永《なが》らえません。なぜなら、そのような反応をするということは、自分で掘った井戸に頼っていることだからです。新しいポジションや人に認められることが、今よりもっと喜びをもたらしてくれるということだからです。そのような考え方では水を蓄えることはできません。

あなたではなく、私——性格

喜びを与えてくれると思いがちな偽りの源の最後は、私たちが毎日気づかないで頼りにしてしまっているもの、それは性格です。喜びと言えば、社交的な人がより抜きん出ていると思い込んでいるのではないでしょうか。明るくて楽しい人は、神が喜びを分け与えようとする時には列の先頭に立っていて、人生に満足している人でしょう。喜びにふさわしい性格をもっていなければ、喜びを受けるのに向いていないと考えています。まるで喜びというものは、ある決まった性格の持ち主のためにあるかのように。

何年も前に子どもたちと「くまのプーさん」を見ていた時、私はこう思いました。「リックはまるでティガーみたいだわ！」　そんなおもしろい考えが高じて、私は自分が好きな人たちを分類するという変な習慣を身に付けてしまいました。そして、「くまのプーさんの性格教室」が誕生しました。もちろん、科学的根拠などありません。性格について勉強したければ学術的な情報には事欠かないでしょう。これは軽い気持ちで考えることのできる四つの性格タイプのアプローチです。

まず、プーさんを見てみましょう。プーさんは、はちみつを見つけること以外、夢中になるようなことはありません。概してのんきです。感情的に穏やかで、他の人がなぜあらゆることに感情的になるの理解しかねています。あなたの友だちの中におっとりしたプーさんのような人がいたら、その人はなかなか物事を決められないでいるでしょう。「今日、どこでランチするか決めてよ」と言おうものなら、「そうね、私はどこでもいいわ。あなたが決めて。」　もしあなたが「いいえ、あなたが決める番よ。これまで三回も私が選んだんだから」と言えば、彼女は身悶《もだ》えして返事をしぶり「本当にどこでもいいのよ。あなたが決めてよ」と言うでしょう。この時点で、あなたはプーさんのかわいい首をぎゅーっと締め付けたくなるかもしれません。でも、私たちにはプーさんタイプの友だちが必要なのです。他の人たちが我を失い荒れ狂っていても、そういう人たちはしっかりと落ち着いているのですから。

次にラビットです。ラビットは目標がはっきりしています。ラビットにとって、畑にはきちんと植え付けがされていなければならず、しかもそれを「今」やりたいのです。やるべき職務がはっきりしていて、成績優秀、仕事をきちんとやるタイプです。どんな委員会にも、ラビットのような人が数人必要です。彼らは細部にまで気を配り、仕事を仕上げるからです。イベントは相当よく管理されるでしょう！　でも、ラビットタイプの友だちは、落ち込んでいる時に慰めや励ましを受けるために会いたくなる人ではないでしょう。彼らの共感指数は高くありません。あなたの悲しい話を聞いても、忍耐できずにこう言うでしょう。「元気出しなさいよ！　人生は厳しいの。戻って努力を続けてごらんよ！」でも、私たちにはラビットタイプの人が必要です。そういう人がいなければ世界は大混乱に陥ります。方策を練って夢を現実にする人がいなければ、何も起こらないのです。

ティガーは外向的です。「よく跳ねて、ひねて、ふねて、ほねて、楽しいのさ！」という性格です。部屋に入ってくると、その性格の勢いで部屋中の酸素を全部吸ってしまうタイプです。物語を相当な熱をもって語り、細部にまで詳しく語ってくれます――細部に関しては多少曖昧なことがあっても。あなたの名前を覚えられなくても、他の人にはあなたが親友の一人であることを熱心に語ります。ティガータイプの人はランチの約束をしたことを忘れるかもしれませんが、あまりにもおもしろいので遅れても許してしまいます。どんなに彼らにイラつかせられても、明るい気持ちにさせてくれるティガーが必要です。

そして私のお気に入り、イーヨーです。これは私なんです。創造力に富み、熱情にあふれ、完璧主義的で物事をとっても深く感じる人です。悲観的になりやすくふさぎ込むこともしばしばですが、それはイーヨーがこの世のあらゆる痛みと嘆きをその肩に背負っているからです。

一緒にいてもあまり楽しくはないこともあるでしょう。でも、なにか創造的なアイデアが欲しいとか、深い会話がしたいとか、話を聞いてほしいと思ったら、イーヨータイプの友だちに電話してみてください。イーヨーは感情的に深く広い幅があり、他の人からも豊かな感情を引き出すことができるので関係を豊かにし、会話を深いものにしてくれます。イーヨーがいなければこの世は浅く、冷たく、そっけない場所になってしまうでしょう。

自分以外の性格を持つキャラクターを見て、「ティガーだったらもっと喜びにあふれているのに！　プーさんみたいにのんきだったら、もっと喜んでいられるのに！」と思うかもしれません。もちろん、そうかもしれません。でも、このことを忘れてはいけません。どのタイプの性格の人にも長所と短所があるのです。ティガータイプの友だちが外向的だからといって、喜びを理解しているとはかぎりません。ティガーには危ない部分もあるのです。彼らは聖霊ではなく、自分の性格の勢いに頼りやすいのです。良い性格をもっているのに、神に頼る必要なんてあるでしょうか。また、ティガータイプの人は、「元気」な状態でいることに慣れてしまっているので。感情的に壁にぶつかると混乱し、方向を見失い、落ち込んだ気持ちをどうしたらいいかわからなくなってしまいます。

ラビットタイプの人は、神にではなく、仕事を成し遂げ、やることリストをクリアすることに喜びを見いだしています。任務遂行が神との味わい深い歩みの代わりになってしまっています。プーさんはちょっと独りよがりに、他の人たちがコマのようにくるくると暴れ回っているそばで、穏やかにのんびり歩いていることにプライドをもってしまいかねません。プーさんは喜びを味うのに神なんて要《い》るんですか？　穏やかにしていたら、だれでも喜びを味わうことができるんじゃないかしら？　イーヨーは、喜びに関してはこの中で最も難しさを感じるタイプでしょう。そのタイプの人は内向的で、悲観的で完璧主義だからです。

でも喜びを味わうことに関しては、どんな性格の人にも強みがあるわけではないし、言い訳もできません。最近、主は私にこう語りかけてくださいました。「ケイ、自分の性格のせいで喜びを味わえないなんて言うのをやめてほしい。あなたは自分の性格に捕らわれている。生まれつき塞ぎ込みやすい、かわいいイーヨーのようなあなたに喜びを味わってほしいんだ。」

あなたは自分のことに気づいていますか。自分の性格タイプに捕らわれてしまうのがいかに簡単だかわかりますか。神に忠実になり、喜びを選ぶという命令に従うのではなく、いつのまにか私たちは自分の性格のほうに忠実になろうとします。私はイーヨーであり続けるでしょう。あなたも、ティガーやラビットやプーさんかもしれません。でも私たちは性格のせいにしている必要はなく、人生で味わえる喜びの程度を制限する必要はないのです。
感情や人間的な傾向を抜きにして、真の喜びを味わうことは可能です。喜びはどんな性格の人にもいつも与えられる、聖霊による賜物なのです。

まだ渇きが満たされない

数え切れないほどやってきたのだから認めましょう！　私たちは人や場所や物、地位、性格に頼って喜びを得ようとしてきました。それらは、わずかな間は幸せをもたらしてくれましたが、私たちはまだ渇いて水を求めています。解決を求めて、真剣に自分の井戸を掘ろうとしてきました。でもそうしても希望を失って、失望しそうなほど疲れ切っています。

神は言われます。「大丈夫。そうなるべくしてなっているんだから」「え？　神は私に絶望してほしいの？」　自分で自分の渇きを満たすことは絶対にできないことに向き合い、喜びを与えてくれる真の源である神を指し示すためです。

私たちが覚えておくべき土台となる真理はこれです。

「神だけが喜びを与えてくれる真の源です。」

他のものに頼れなくなった時にも、神はそこにいてくださいます。愛する人があなたをがっかりさせたり、離れていったり、亡くなってしまったりしても、神はそこにいてくださいます。幸せにしてくれると思っていた場所がもう自分を満足させてくれなくなった時にも、神はそこにいてくださいます。物を失ったり壊れたりしても、神はそこにいてくださいます。自分の立場が変わったり、その地位がだれかのものになったりしても神はそこにてくださいます。自分の性格では対処できない時も神はそこにいてくださいます。

神は、尽きることのないいのちの水の泉です。次の章ではそのことを見ていきましょう。

〜祈り〜

お父さま、私が渇いて空っぽになっていることを、あなたはご存じです。それでも、私は水を見つけようとして井戸を掘ってきました。人や場所や立場や物に、尽きない喜びを見いだそうとしていたのです。この性格のせいにしようともしていました。神さま、こういうものは皆、必ず私を失望させる壊れた井戸なんですよね。いのちの水の泉であるあなたのことを忘れてしまったことを赦してください。本当の満たしを他の場所で見つけようとしたことを赦してください。満たされることをまずあなたに求めることができるよう助けてください。イエスさまの名によって　アーメン。

振り返りと適用

1　あなたの罠になっている偽りの喜びの源は何ですか。人、場所、物、地位、性格ですか。

2　プーさんの性格分析の中のどれに当てはまりますか。喜びを見いだすために、それはどんな影響を与えていますか。

5　天の価値観を取り入れる

こうして　私は神の祭壇に
私の最も喜びとする神のみもとに行き
詩篇四三篇四節（ＮＬＴ）

たとえ一瞬でも、神の視点を受け入れるということは、喜びにあふれさせていただくということだ。

マイク・メイソン

すでに考えてきたように、人生には二つの線路があります。喜びの線路と悲しみの線路は離れることなく、人生を通じて並んで走っています。私たちは常に、悲しみと喜びを同時に味わって生きているのです。ヤコブが命じているように、試練を「この上もない喜び」を味わうための「純然たる贈り物」と考えることができる時もありますが、そんな難しい命令には従えないという日もあります。

問題は私たち皆にやってきます。クリスチャンでもそうでなくても、だれも免れることができません。苦難、葛藤、悲しみという厄介な線路はいつもあり、何もかもが壊れていて、欠けていて、失われているとしか感じられない日もあります。自分の人生の筋書きを書きながら、それを何度も何度も心の中でこう繰り返しています。そして、自分にこう言うのです。「もしこんなことが起こったら？　もしそうならなかったら？　もしそれが絶対に変わらなかったら？」　そして、神をたたえるべきことが何も思い浮かばなくなるのです。

私は時々こう自問します。「神さま、あなたは最近何か私にしてくれましたっけ？　昔私を祝福してくれたことは覚えています。でも今は？　今日は何をしてくれるんでしょう？」　あなたは取り立てて喜びを感じているわけではないかもしれません。そして、喜びを味わっているかを高揚感があるかないかで測っていたら、神が今までもこれからも力強く忠実なお方であることを簡単に忘れてしまうでしょう。

私たちがどのように感じようとも、いのちの水の泉である神は決して変わることはありません。ですから、心を真理によって満たしておかなければならないのです。喜びは、自分の人生を賭けて信じる霊的真理を確信することから始まります。その真理は私たちの中にしっかり根付いているので、神への揺るがぬ信頼を生み出します。神をより深く知り、理解することによって、「主を喜ぶこと」が唯一の真の力（ネヘミヤ八・一〇）というみことばがよりよく理解できるのです。

皆さんの多くはこう言うでしょう。「はい、神との関係を深めたいし、心を神の真理で満たしたいです。でも、どうしたらいいかわからないんです。」

何世紀にもわたって、クリスチャンは日々黙想をして神と共に時間を過ごすことによって、神との関係を深めてきました。「黙想」といっても、心を無にして何も考えずに座り、呼吸をしなさいといっているのではありません。リラックスして心を鎮め、休ませることも必要でしょう。でも、神を黙想することは受け身ではなく能動的です。「黙想」という言葉は思いめぐらす、思案する、考える、考慮する、振り返る、あるいは反芻《はんすう》するということです。

忘れているかもしれませんが、反芻とは牛がしていることです。牛は食べた物を口に戻してそれを噛《か》み、飲み込み、またげっぷをして戻し、また同じことを繰り返します。それを三回繰り返すのです！　よく消化して、餌から最大の栄養を得るためにそうするのです。古いことわざにある「反芻する牛のように満足する」とは事実に基づいています。反芻する牛はしない牛よりも幸せなのです！

クリスチャンにとって、黙想は「思考の反芻」と言えます。ある思いやアイデアを何度も何度も何度も考えるのです。「そんなことできないわ。脳みそが疲れちゃう」と言う人もいるかもしれません。でも、リックはこう言います。心配できるということは黙想できるということだ、と。神について黙想している時、脳を戸棚にしまっておくのではなく働かせています。黙想は、心を意図的に活発に、最大限に使って行う活動なのです。

神について黙想するということは、神のご性質についてじっくり思いめぐらすことなので、神がこのような方であるという喜びが同時に私の確信としてしっかり心にとどまるようになります。試みに遭っても神を深く知るようになっているので、喜びが逃げて行くことはありません。ピオ神父は言いました。「本の研究を通して人は神を求め、黙想によって人は神を見いだす。*1」

では、どうやって神について黙想できるのでしょう？　神について黙想することには、ある聖書の一節について日記を書くことや、神のご性質についての良い音楽を聴くこと、神の属性を紙に書いて洗面所の鏡に貼ったり財布の中に入れて時々見たりする、といったことがあります。決して渇くことのないいのちの水を与えてくださる神を知っていくという、生涯続く追及の旅路にあなたを送り出すために、変わることのない神の属性の中から五つを紹介しましょう。

神の価値は比べるものがない

神の威厳、尊厳、力を言い表すことはとてもできません。「神がどのような方であるか」を正確に表現できる言葉を、人間は持っていません。時空を超えて存在し、永遠に住んでおられます。詩人、芸術家、作曲家、作家はこの偉大なる神を言葉や絵に表現しようと試みますが、どんなにがんばっても届きません。詩篇一四八篇一三節には「それらに神の名をたたえさせよ。その名前だけがたたえられるべき名である。その輝きは地や天にあるどんなものよりも優っている」（ザ・メッセージ）とあります。「その輝きは地や天にあるどんなものよりも優っている。」これってほっとしませんか。神は私たちが理解できないほど偉大な方だからこそ、私たちは神をたたえるのです。

数年前、私は非常に難しい人間関係に悩んでいました。平和な、喜びあふれる部分が自分のうちに見つけられないような日が多くありました。私は太平洋の近くに住んでいるのですが、子どもたちを学校に送って行った帰りにビーチまで運転し、崖の上に車を止めることがよくありました。ある日、私は希望をもてずに泣きながら車止めると、目の前の光景と、眼下でうねり岩にぶつかっては砕ける波の音に心が打たれました。そして、海を見つめると心が慰められるのを感じました。それは、ただ広大で大量の水を見たからではなく、このような海を造られた神は地球上の海をすべて集めたよりも大きく、雄大で、力強いお方であるということを知って慰められたからです。もし神が海を造られ、高度な仕組みで毎日波を満ち引きさせ、その中にある生命を維持されるほど偉大な方であるなら――神学者はそれを神の超越性と呼びます――今私の心を痛めている人間関係のもつれもどう扱ったらよいのかをご存じなほど、神は偉大なお方であることは確かなのです。

神はご自身の偉大さを明らかにし、創造主であり、維持者であり、救出者であり、贖い主であることを示されるために、私たちの困難な時を用います。神は全能であり、永遠におられる方、いのちの源であられる方です。超越しておられる方なのに、私たちはいつでもその方のもとに駆け寄って行くことができます。神の価値の大きさを思いめぐらす時、自分が直面している一見難しく思える状況から、すべてを超越しておられる神へと目を向けさせられるのです。

神のことばは信頼できる

私たち夫婦はここ数年、メディアにかなりさらされてきたので、自分たちが話したことがどれほど不正確になってしまうのかを目の当たりにしてきました。レポーターにどれほど正確に事実を伝えようとしても、なぜか最後には細かいことが間違っているのです。レポーターが意図的に間違いを伝えようとしているのではないし、偏見をもっていると思っているわけではありません。事実を正確に伝えるとは難しい仕事なのです。そのせいで、私はどんな記事を読んでも皮肉っぽくなってしまいました。たいていは全く正確というわけではないと知ったからです。

でも、聖書はそうではありません。それは全く正確で、信頼でき、信じるに価するものです。そのことを知っているので、神のことばを読む時に私は真理を読んでいるのだと確信することができます。みことばは、人生を建て上げることのできる土台です。神のことばだけが全く真理なのですから、喜びの土台はそのみことばに据える必要があります。私たちが最も身近に感じるべき言葉は神のことばです。

神が喜びの神であるだけでなく、その言葉は喜びの言葉でもあります。でも多くの人が、聖書は規則や決まり事の本だと思っているのではないでしょうか。聖書には、自分がどんな間違いをしでかしているのか、どんな失敗をしているのかを指摘して断罪することしか書いてないと思っているのです。聖書は否定的なことばかりで、悲観的な本だと思っているようです。

さて、これはトリビアが好きな人が喜ぶ話ですが、ＮＩＶ（New International Version）という英語の聖書には喜びや楽しさ、幸せ、笑い、喜ぶことに関する言葉は五百四十五回出てきます。喜びを語るには結構な節数ですよね。では、悲しみや痛み、涙、苦しみも同じくらいの節数語られていると思いますか。百五十八回です。悲しみについて語っているのは、百五十八節なのです。驚くでしょう？　聖書では悲しみの三倍の回数、喜びについて語られているのです。聖書は喜びの書なのです！

ですから、神のご性質について黙想する最も良い方法は、聖書に記されている神についての真理を読み、暗誦することです。神がどのような方であるかを思い出す必要があった時に、みことばが思い出された経験は何度もあります。

二〇〇三年九月、マンモグラフィの検査で疑わしい結果が出たため、私は放射線医のところで生体組織検査を受ける予約を取っていました。胸のしこりはおそらく問題ないだろうと言われていたので、その検査はただ懸念を取り除くためのこととして考えていました。その日は検査後、誕生日を祝うために、飛行機で他の州に住む父に会いに行くことになっていました。

放射線科のベッドに横になると、医師はなんの構えもなくこう言いました。「ほとんど確実に、がんですね。」　大きな衝撃が走りました。

「何ですって?」

「はい、この腫瘍が見えますか。これはおそらくがんに違いないですね。」そう言って医師は部屋を出て行きました。

一切の思考が停止しました。叫びたいし、泣きたいし、あらゆることを一度にしたいような気持ちでした。「がんです」という、だれも聞きたくない言葉を聞かされ、ひとり取り残された私のうちに、聖書の一節が心に浮かんできました。「神は、私の行く道を知っておられる。」横たわっている私に暗闇が覆っていくのを感じていると、神がこう語られるのが聞こえました。「ケイ、わたしはあなたが行こうとしている道を知っているよ。闇はわたしには少しも暗くはない。思いもしなかった旅路だろうけれど、わたしはあなたと共に歩むよ。」

その夜聖書を開くと、その言葉はヨブ記二三章一〇節だとわかりました。ヨブが苦しみの中で神への信仰を確認しているところです。それまでそのみことばを何度も聞き、読んできたので、本当に必要な時にそれはすでに心の中にあったのです。

神のことばが、毎日の生活の中で喜びとなっていると言いたいところですが、毎日がそうではありません。神のことばが私に喜びをもたらしてくれることを忘れる時もあるし、神のことばが真実であることを忘れる時もあります。エレミヤは神にこう言いました。

「私はあなたのみことばが見つかったとき、それを食べました。そうして、あなたのみことばは、私にとって楽しみとなり、心の喜びとなりました」（エレミヤ一五・一六）。このことが、毎日の生活で真実となればいいのに！　神のことばは価値があり、貴重なので、みことばを黙想する時、私たちの心を喜びで満たしてくれます。

詩篇一九篇八節にはこうあります。「主の戒めは真っ直ぐで　人の心を喜ばせ　主の仰せは清らかで　人の目を明るくする。」　このみことばは他の訳ではこうです。「神の人生地図は真っ直ぐで、喜びへの道を示してくれる」（ザ・メッセージ）。詩篇一一九篇一一一節にはこうあります。「私はあなたのさとしを永遠に受け継ぎました。これこそ、私の心の喜びです」（GNT）。

聖書を読み始めたばかりの人にはわかりにくいかもしれませんが、大丈夫です。聖書が生活にどう適用できるかを考えたり、思いめぐらしたりすることには時間がかかります。キリストに従う者となり、神のことばに馴染むことは、自分が育った文化とは違う文化を学ぶのに似ています。初めは、言葉が難しくてわかりにくいし、文化や習慣が変わっているなと感じるかもしれないし、ふさわしい時にふさわしいことをしているのかどうかわからなくなることもあるでしょう。でも、次第にわかるようになっていきます。そしてわかるようになるだけでなく、大きな喜びをもたらしてくれるようになります。

神のことばを大切にし、それによって変えられていくためにまずできる素敵なことは、詩篇一一九篇を開き、聖書を読む人、聖書を知っている人、みことばを暗唱する人にどんな良いことがあるのかを思いめぐらすことです。人生の土台として据えるべきは真理であり、その真理を心に根づかせることは、神をより深く知るための、とても強力な方法なのです。

神のわざは、畏《おそ》れを起こさせる

神の創造と喜びを結びつけて語っている多くの聖書の言葉から、次の二つの箇所を読んでみてください。

「神のみわざは偉大だ。一生をかけて学ぶ価値があり、――楽しみは尽きない。」
（詩一一一・二、ザ・メッセージ）

「荒野の牧場に滴《したた》り
もろもろの丘も喜びをまとっています。
牧草地は羊の群れをまとい

広やかな平原は穀物を覆いとしています。
まことに喜び叫び　歌っています。」
（詩六五・一二～一三）

だれもが荘厳な山々や、波うねる海の近くに住んでいるわけではありませんが、風に揺れる木を、ほんの少しの間眺めることはできます。ほんの二、三分の間、ブラックベリーの細やかな様を観察することはできます。道路の上を、小さなアリが大きな葉っぱを巣まで運んでいくのを観察することもできます。

歴代誌第一にはこう書かれています。「森の木々も喜び歌う。主の御前で」（一六・三三）。この詩的な節は、神の作品は実際に神に向かって歌っているのだと言っています。私には歌は聞こえませんが、明らかに神には聞こえているのです。（それらは神だけに聞こえるような周波数で歌っているのかしら、と思うことがあります。高い周波数の口笛の音が犬にしか聞こえないのと同じように？）　これはニューエイジが、岩も、虫も地面に落ちている木の枝、どんなものも、あらゆる人にも命があり、「霊」があると言うのと同じではありません。しかし聖書は、神の御業が神に向かって賛美を「歌っている」と明らかに語っています。風の強い日には時々、私の想像力も風とともに外で舞っています。私の心の目は、アスペンの木がその創造者のために優雅な振り付けで歌と踊りを披露しているように見えます。けれども、揺れる葉っぱがどんなメロディを奏でているか聞こうとしますが、だめです。私の耳では聞こえません。

そこでこう思うのです。作られたものすべてが歌うなら、私も歌おうじゃないないの。もし木々や花、海、山、雲そして動物たちが毎日神の名をほめたたえているならば、神の創造の冠である私も神に向かって歌おうじゃないの。ショッピングモールが混んでいて駐車場が見つからないなどというつまらない理由と同じ理由で歌を歌わないでいるの？　髪が思ったようにまとまらないから？　雨が降っているから？　ガソリン代がまた高くなったから？――神の御業のすべてが、喜びのゆえに神の前に賛美をするのです。そして、神がお造りになったものを思いめぐらす時、創造の名手としてのすばらしい能力を思いめぐらす時、私も歌います。私も喜び叫びます！

私が育った教派では、神に賛美を叫ぶということはせず、むしろ控えめでした。でもこの数年間、私は驚くべき発見をしました。時として、神に向かって賛美の歌を叫ぶことだけでよいのです。そして、賛美を叫びたくなるのは思わぬタイミングでやってくるでしょう。私は幸せを感じている時には、めったに賛美を叫びたいと思うことはありませんが、とても悩んでいて悲痛に感じている時に、喜びの敵であるサタンへ対抗するかのように叫びたいと感じるのです。サタンは、私の魂からどうやったら喜びを盗めるのか策略を立てていて、落ち込んでいる時には、その策略は成功しそうになります。そのような時に、喉をキリキリ言わせて詩篇九八篇四節を繰り返して、神への賛美を思い切り響きわたらせるのです。「全地よ主に喜び叫べ。大声で叫び喜び歌い ほめ歌を歌え。」 顔を上げ、時には涙が流れることもありますが、私は全宇宙に向かって、忠実なお方である神を礼拝することを妨げるものは何もないと宣言するのです。

ですから今日、歌いませんか。神の被造物を観察し、そのみわざに驚き、神に賛美をささげませんか。今日がどんな日であっても、あなたがどういうふうに感じていようと、どんな状態であろうと、そうすることを選べるのです。ピリピ人への手紙四章四節はこう書いてあります「毎日、一日中神を祝え。神を大いに楽しめ！」（ザ・メッセージ）。「主よあなたはあなたのなさったことで　私を喜ばせてくださいました。あなたの御手のわざを私は喜び歌います」（詩九二・四）。「神さま、今私はここで、あなたがどれほどの方であるかを語ります。あなたが信頼できる方であり、あなたを信頼していることを。そして、あなたに向かって賛美の声をあげます。」

神に賛美をささげるために、すばらしい声をもっていなくても大丈夫です。かえるのように鳴いてもいいし、犬みたいに吠えてもいいのです。喜びの声だけで十分です。神がいちばん気にかけているのは、あなたが、神がどんな方であり、何を創造されたのか、そのみわざをたたえるために賛美したいという心になっているかどうかです。そして、たまには思い切って叫んでみてください。きっと魂が癒やされることでしょう。

神の方法は愛に満ちている

神の価値、神のことば、みわざを黙想し、思いめぐらし、振り返り、考え、見直し、反芻すると、自分が置かれている状況に対する見方に変化が起こってくるのがわかります。神の愛に満ちた御手を思いめぐらすことを選ぶ時に、人生の大変な局面も耐えることができるようになります。

詩篇一八篇三五節にはこうあります。「あなたは私を救いの鎧《よろい》で守ってくださいます。あなたは私をしっかりした手で支え、優しく撫《な》でてくださいます」（ザ・メッセージ）。神が私を愛してくださっていることを疑ったことが一度もない、と言ったら嘘になります。私の人生に触れてくださる神の御手が優しく感じられなかった大変な時が何度かありました。触れてくださる手があまりにも重くて、耐えられないと思ったこともあります。あなたが、愛の神がなぜこんなことをなさるのかと思ったことがあれば、私が言おうとしていることがはっきりわかるでしょう。

そのような時にサタンがやって来て、神を疑ってしまえと言ってきます。神が良い方で、愛の方であることを信じるのをやめろ、信仰をあきらめてしまえと言ってきます。そんな時、私たちはあえて、神がどのようなお方であるかを思い起こさなくてはいけません。これまで神が忠実な方であったならば、これからも同じです。キャロル・ケントがこう言っています。「思いもよらなかった状況に置かれると、私たちは自分が信じるところに居続けるか、そこから去るか、という岐路に立たされます。[*2]」そのような時こそ、神のことばを知り、それを信じることがとても重要になってきます。なぜなら、そのような状況はこのようなみことばに立ち返らせてくれるからです。

「神の愛は私たちの命を引き受けてくださる。神の忠実さは永遠である。」
（詩一一七・二、ザ・メッセージ）

「あなたの王国は　永遠にわたる王国。
あなたの統治は　代々限りなく続きます。」
（詩一四五・一三）

みことばは、神がかつてどれだけ優しくしてくださったかを思い出させてくれる命綱でもあります。私自身も神が愛にあふれているとは思えない時がありましたが、後に神が痛みを贖い、その悲惨な状況から美しいものを生み出してくださったのがわかったことがあります。

私はステンドグラスやモザイクが大好きです。クラフトカタログから選んだキットで作るようなものではなく、芸術家が多くの色の砕かれたガラスやタイルを組み合わせて造る、荘厳な聖堂を飾るのにふさわしい芸術作品です。そのようなすばらしい作品を見ると、粉々になった破片のような自分を神の愛の御手にゆだねるなら、神はそれを芸術的に並べ替えて何か美しいものへと創り変えてくれるのだと待ちわびる心にさせられます。待つ時間は願う以上に長いかもしれないし、永遠の時が来るまでに、組み合わされた破片の美しい完成図は見ることができないかもしれません。でも間違いなく、神の方法は愛に満ちているのです。

神の愛を疑ってしまったら、喜びはどこで見つけたらよいのでしょう？　どこにもありません！　蒸発し、なくなってしまいます。でも、わかってもわからなくても、感じようと感じまいと、思ったようなものでなくても、神の愛の御手を思いめぐらすなら喜びを確かなものにしてくれるのです。

神のみこころは善《よ》いもの

私は飛行機が苦手です。本当に嫌です。けれども、車や電車や船だけで移動しない唯一の理由は、神がしなさいと言っておられることを、怖いからといって避けることはしないと神と約束したからです。神のみこころは明らかに私を、HIVやエイズ、孤児、また弱い立場にいる子どもたちの「世界規模」での弁護人として導いてくださっているので、飛行機での移動は必須です。

吹雪の中、滑走路で飛行機についた氷が取り除かれるのを待つほかに、飛行機に乗ることで最も嫌いなのは突然嵐に遭うことです。たいてい私は窓側の席を選び、窓の日よけは開けたままにしておきます。でも嵐の時は、日よけを閉めておけばあまり怖く感じないとわかりました。もし窓の外に灰色の霧しか見えなければ、恐ろしいだけです。もはや私が何もコントロールできないという思いになるのです。もちろん、そもそも何もコントロールできるわけがないのですが、できるような思い込みをもっていたのです。そして、こんなふうに考え始めます。「私が見えないっていうことは、パイロットだって見えないっていうこと！　もしパイロットが見えなければ飛行機は落ちてしまう！」

人生の中で何度も目隠しをされて空を飛んでいるような気分になることがあります。状況は私たちを混乱させ、目を見えなくさせ、不確かな気持ちにさせ、すべてが霧の中に隠れているように見えます。そして、私たちはパニックに陥り神に叫ぶのです。「外は真っ暗だわ。何も見えない！　私が何も見えないなら、あなたも何も見えないでしょう？　あなたが何も見えないいなら絶対墜落してしまう！」

飛行機に乗っている時に嵐が来て飛行機が揺れ出したら、パニックに陥りそうになるのを頭の中でやめさせなければいけないように、自分が状況をコントロールができないと感じる時に不安が増していく霊的なパニックを、私はやめなければいけません。神がどのようなお方であるかを黙想することで、神のみこころはいつも「善い」ものであることを思い出させてくれます。神は私の周りにある暗闇を見ておられますが、同時に、その闇の向こうにあるものもご覧になっているのです。エレミヤ書二九章一一節にあるように、「私自身、あなたがたのために立てている計画をよく知っている――主のことば――。それはわざわいではなく平安を与える計画であり、あなたがたに将来と希望を与えるためのものだ」。

神のみこころは善いものなのですから、私たちは恐れではなく喜びを受け取ることができます。神のみこころはいつも善いのだと本当に信じるなら、恐れる理由はどこにもありません。

天の価値観

この時点で、こう思っているのではないでしょうか。「神がどのような方であるか、神の価値、みことば、みわざ、方法、そしてみこころが私に喜びを与えるとはどういうこと？　あなたが言っている変化はどうやって起こるの？」

これまで、私たちの考え方について話してきました。つまり、どうやって神に関する揺るぎない確信をもつようになるか、です。それは、私たちが喜びの心をもって問題に向き合うことができるためです。それには否定的な、反抗的な、恐れに満ちた見方、つまり「神さま、あなたなんて信用しません！　何をなさっているかさっぱりわかりません。ちゃんと説明してくれてこの難しい状況を止めてくれなければ、あなたを礼拝なんかしません」という態度から、もっと前向きな希望をもった見方で次のように言えるようになる方法が必要です。「神さま、私はたとえ何があってもあなたを信頼します。私のためにあなたが来てくださる日が来るまで、私はあなたのものです。離れていくことはしません。あなたが比類なきお方であることを信じています。みことばは信頼できるものだと信じています。あなたのなさることは美しいと信じています。また、あなたの方法は愛にあふれていると信じています。みこころは善いと信じています。私は、今見えているものがなんであれ、あなたがこのような方であることを信じています。」

神についての考え方を変え、神への認識が変わると、あなたの価値観は変わり始め、「天の価値観」を取り入れるようになります。ずいぶん前に、ラッセル・ケルファーという方から学ぶ機会が与えられました。テキサス州サンアントニオで、日曜学校の教師をしていた市井の人です。世界的に有名になったり、人から喝采を受けたりすることはありませんでしたが、天国では目立った場所にいるでしょう。ラッセル・ケルファーは普通の人でしたが、彼ほど霊的な事柄に対する知恵と洞察力をもった人に、私は会ったことがありませんでした。そしてこの彼こそが、天の価値観に目を開かせてくれたのです。

神はどんなことに価値を認めるのでしょう？　神は、自分が心地よいかどうかでなく人格を、恐れでなく信仰を、裁きでなく憐れみを、不正でなく正義を、物でなく人を、偽りでなく真理を、プライドでなく謙遜を、絶望でなく希望を、無関心でなく愛を価値あるものとされます。言い換えれば、神が価値あるとされることは、いつまでも続くものです。神は永遠を視野に入れておられるのです。そして、私たちにも同じような見方で人生を見てほしいと招いておられます。神は、時に神秘的としか思えないようなやり方で歴史の中で働いておられ、取られたものは贖い、壊されたものは癒やす方である、ということを信じてほしいのです。

自分の信仰を生き抜いたその生き方のゆえに、パウロは私の好きな人物です。イエスのように、パウロも苦しみをよく経験していました。そのことをコリント人への手紙第二、一一章二三節から二八節の中で詳細にわたって説明しています。パウロはムチ打たれ、難船し、飢えや孤独を味わいました。実際、福音を述べ伝えたことのために投獄されている時に、パウロはピリピ人への手紙を書きました。体は鎖につながれていても、心は自由でした。そのようなことを通して、いやむしろそのようなことのゆえに、パウロは「いつも主にあって喜びなさい」「すべてのことにおいて感謝しなさい」「私は私を強くする方によってどんなことでもできるのです」「私はどのような状況においても満ち足りることを覚えました。私は苦しみの中でも喜んでいます」と書けるほど喜びを味わっていました。

パウロは、殴られた痛み、飢えから来る激しい空腹、また凍りつく海の中で過ごす夜のみじめさに気づかないような、洗脳されたロボットのようではありませんでした。寒くじめじめした牢獄の中でローマ兵につながれて、「これ良いよね！」などとは言いませんでした。

そうです。パウロは生身の人間でした。心地よい人生と心地よくない人生のどちらを選ぶか尋ねれば、「心地よい人生が嫌だなんてだれが言うんだい？　私は冷たく硬い牢獄の床に座っていたくはないし、鎖でつながれているのはいやだ。むしろ暖かい毛布が欲しいし、友だちがそばにいてほしい。イエスさまのことを語りながら、ローマ帝国中を旅をしたい。しかしもしここが、神がいてほしいと願っておられる場所であれば、そこに私はいるのだ。そして、この場所で喜びを選ぶのだ。」

パウロはもうとっくに、自分にとっての喜びの理由は神だけであることを学んでいたのです。すでにパウロは友に見捨てられた苦しみ、入ることを拒否された街、また自分を満たすことのないこの世の所有物、また自分を救うことができなかった教育、自らを苦境に陥れた自分の人格の欠けを経験しています。そうです。パウロにとっての真の喜びの源は、神だったのです。そしてそのゆえに、見えることではなく霊によって見えることに、常に焦点を合わせていたのです。

どおりでパウロは二千年後の私たちに喜ぶこと、あらゆることに感謝すること、持っているもので満足すること、試練の中で忍耐することを勧め、落胆しないようにと言うことができるわけです。パウロには天の価値観があり、そして天の喜びもあったのです。

パウロは、私がやりたいと求めていたことを行っていました。自分の喪失、失望、心の痛み、苦痛、そして悲しみを神の価値観を通して見ていたのです。ですから、喜びがあったのです。天の価値観を、繰り返し繰り返し選んでいたのです。
この情熱的な信仰の確信を、パウロはコリント人への手紙第二、四章一六節から一八節の中に書いています。

「ですから、私たちは落胆しません。たとえ私たちの外なる人は衰えても、内なる人は日々新たにされています。私たちの一時の軽い苦難は、それとは比べものにならないほど重い永遠の栄光を、私たちにもたらすのです。私たちは見えるものにではなく、見えないものに目を留めます。見えるものは一時的であり、見えないものは永遠に続くからです。」

喜びを味わうことに秘密があるとすれば、これがそうです。一時的なものではなく、永遠のものを選ぶということです。
永遠のものではなく一時的なものを選ぶなら、ただでさえ繊細な喜びに対する希望を、さらにもっと繊細な壊れやすい地上のものに置くことになり、簡単に失望してしまうでしょう。でも私たちが壊れやすい希望を神に置くならば、自信をもって確信することができるのです。結果に対してではなく、神ご自身の人格に対してです。「神のみが私たちの喜びの、唯一であり真の源だからです。」

~祈り~

主よ、私の価値観をあなたの価値観に合わせることを教えてください。一時的なものではなく、永遠のものを選ぶことができるように助けてください。私はそのことがうまくできません。うまくいくことよりも失敗することが多いのです。神よ、あなたがすべてを支配しておられるという確固たる確信を据えさせてください。また、起こったことによって破壊されるのではなく、あなたが神であるから、最後にはすべてのことは大丈夫だと信じて生きることのできる自信を与えてください。あなたの価値、みことば、みわざ、方法、みこころが決して変わらないのですから、あなたをたたえることができます。

悲しみの人であり、同時に喜びの人であるイエス・キリストの名によって、アーメン。

振り返りと適応

1　短い時間、静まってみましょう。神があなたにお示しになりたいことに対して心を開けるように神に願いましょう。祈りながら詩篇一一九篇を読みましょう。喜びを求める上で、あなたができることはありますか。

2　「神は、自分が心地よいかどうかでなく人格を、恐れでなく信仰を、裁きでなく憐れみを、不正でなく正義を、物でなく人を、偽りでなく真理を、プライドでなく謙遜を、絶望でなく希望を、無関心でなく愛を価値あるものとされます。」今週の自分の行動を振り返ってみましょう。あなたの生き方のどこに、天の価値観を見いだすことができますか。

6　暗闇の中でも信じる

神の深い哀れみを通して、あけぼのが私たちの上に光輝く。暗闇にいる者を照らし、死の陰に座っている者を照らし、そして私たちに道を示す。一歩ずつ、平和の道へと。

ルカの福音書一章七八～七九節（ザ・メッセージ）

もし喜びが悲劇のただなかで現れて来なければ、それは決して現れることはないだろう。クリスチャンの喜びとは、暗闇、混沌、無意味さ、悲しみの中に根差しているのだ。悲しみから喜びを切り離したら何も残っていない。

マイク・メイソン

二〇〇八年十月十一日は土曜日でした。その日に私がやるべきことリストの中にあったのは、生まれて七週間経つ愛する孫のコールを訪ねることでした。コールは五週間早く生まれ、出産は緊急を要する状況になったため、もう少しで命を落とすところでした。生まれた日に彼を失いそうになった気持ちを、その時はまだ引きずっていました。赤ちゃんの匂いをいっぱい吸い込み、小さい頭に頬ずりをしたりして、彼をどんなに抱いていても足りない気持ちでした。でも実際には、私には息子のジョシュと義理の娘ジェイミーの家を訪ねる、もうひとつの理由がありました。ジェイミーには脳腫瘍があるという強い疑念があったからです。

コールの誕生後の数週間、ジェイミーは彼女らしくなく、その週は何かドキッとするような兆候が毎日見られました。それは頭が重かったり、頭痛がしたり、物が二重に見えたり、吐き気もないのに戻したりというものです。

その土曜日、ジェイミーとおしゃべりをしていると、彼女は笑いながら言いました。「私ってまっすぐに歩けないの」と立ち上がって歩いて見せました。あの優雅で活発なジェイミーがまっすぐ歩けないのを見て、確信しました。ジェイミーもジョシュも意味のない検査に急ぐのが嫌で、ただ注視しているだけでした。彼らも、コールの出産にまつわるショックと心の痛手から落ち着かないでいました。ジェイミーが月曜日になっても気分がすぐれなければ医者に診てもらうと約束しましたが、私は不安のあまり具合が悪くなりながら帰途につきました。あの時、なぜジェイミーに脳腫瘍があると確信していたのかと人に聞かれますが、私は医学の教育を受けたこともありません。ただ言えることは、私の心気症もこの時ばかりは役に立ったということです。

数時間後、息子がジェイミーを救急処置室に連れて行くと伝えてきました。でもそれは、どこかが悪いかもしれないという恐れというより、用心してのことだと言いました。しかし間もなく救急医師がジェイミーには脳腫瘍があり、すぐに入院しなければならないという大変なニュースを伝えてきました。腫瘍は眼神経を圧迫していて視力を失うかもしれないこと、さらに悪いことには彼女の脳には異常な量の液体があり、命にかかわるということでした。

その瞬間からすべてが早送りのように動き始めました。どんな検査が必要なのか、この難しい手術はどこで行ってもらうのか、可愛いコールの世話はどうするのかといったことで私たちは頭がいっぱいでした。三十六時間の間に、ジェイミーはUCLAロナルド・レーガン病院に入院し、テニスボール大の腫瘍を取り除く難しい手術の準備がなされていました。外科医は、この腫瘍はジェイミーが生まれた時からゆっくり大きくなってきた良性のものだが、脳の重要な部分と複雑に絡み合っており、かなり血管と絡んでいる。つまり手術は複雑で時間がかかり、大惨事を引き起こす可能性があるということでした。

手術当日は終わりのないような長い一日でした。最初の手術は二十時間以上もかかり、定期的に手術室からの報告があるだけで、恐れもだえながら待ちました。担当医のニール・マーティン医師が疲れていながらも家族や友人の待つホールに来てくれ、大脳に残った非常に小さいものを除けば腫瘍は取り除くことができたと報告してくれました。私たちはジェイミーの命が取り留められ、良好な状態であることに安心し、賛美し、喜びました。

しかし、まもなくしてマーティン先生が戻ってきて、ジェイミーに危険な脳内出血が見つかり緊急に手術をしなければならないと言いました。言葉がうまく出てこない中で、私は危険な状態が致命的な状態になるまでどれくらいかかるのか聞くと、先生は手短にかつ率直にこう言いました。「どれだけ早く、どこで出血しているかを見つけられるか、そしてどれだけ早く止血できるかにかかっています。」　心臓が止まりそうなそんな言葉を残して、先生は手術室に戻って行きました。

それからさらに五時間、祈りながら待つだけでした。そしてついに、良い知らせが届きました。出血している場所を突き止め、すぐに止血できたというのです。でも今度はもっと恐ろしいことを聞かなければなりませんでした。この後ジェイミーはどうなるの？　どんな後遺症が残るの？　しかし、それを判断するにはまだ早すぎるということでした。

二週間後、ジェイミーはもう一度手術を受けなければなりませんでした。脳脊髄液がちゃんと流れていかないため、頭蓋内シャントが必要だったのです。成功率は六〇パーセントと言われている中、彼女は手術室に戻って行きましたが、手術は成功しました。

それから一か月の間、私たちはジェイミーを見守り、喜びで口もきけないほどでした。

ジェイミーは次々と予想を裏切りながら、数日で人工呼吸器もはずれ、喉は若干麻痺していたものの食事をし、物も見えるようになり、ほほ笑むようになり、そしてついに大勝利！　歩けるようになったのです。これは奇跡だと思いました。彼女が病院の廊下を、歩行器と看護師につかまって歩き始めたのを見ていた医師の一人も目に涙を浮かべて、「奇跡だ」とつぶやきました。今日、ジェイミーの頭部の左側には腫瘍と手術の痕が残り、後遺症で左耳は聞こえず、涙も鼻水も出ず、味もしませんが、あれだけの大手術からすればわずかなことです。彼女は変わらずジェイミーであり、肉体も感情もそのままで、人格も変わることなく、精神的なダメージもありません。

三か月の間に、私たち家族は感情のジェットコースターに乗っていたようでした。コールは早産で命が危うかったし、ジェイミーは三度も脳の手術を受けて命を落とすところでした。またある家族のメンバーも精神を患って入院しました。ジェイミーが命を取り留め生きながらえており、コールは誕生の危機を乗り越え、入院した家族も回復してきました。この三か月間の絶え間なく襲ってきた、失うかもしれない恐れ、トラウマ、ドラマ、痛み、苦しみは私たち家族にはかなり堪えました。友だちや家族のすばらしいサポート体制によって、決して忘れることができないほどの支えを得ましたが、ストレスから私の髪の毛は三分の一ほど抜け、（堅い床に立ち続けていたために）膝を痛め手術をするはめになり、恐ろしい経験を再現するような悪夢を見るのでした。

喜びへの扉を開ける

誕生と死の可能性、病気と回復、悲劇と奇跡、喜びと悲しみ。これは人生そのものです。喜びと悲しみの二本の線路は、人生の中ではいつも並んで走っています。個人の人生であれ、地球規模のことであれ、暗闇の中で信じることを選択するとは、喜びの扉を開けることです。

私たちの家族が味わった苦しみを自分のと比べて、圧倒されているかもしれません。でも、私たちよりも大変な経験をした人もいるでしょう。悲しみは日々つのり、忍耐が日々困難になっていくことでしょう。ここで言いたいのは、だれが最も苦しんでいるかでも、人がどんなふうに苦しみを扱うかでもなく、あなたが降りかかってくる苦しみをどう取り扱うかです。

激しい苦しみがやってくると、敵が私をやっつけようとしているのだと思ったものです。確かにサタンが、キリストに従う者に対して使いたがる武器は、病気、痛み、喪失ですが、私は、神は激しい苦しみを用いて、悲しみの中にひっそりと隠されてある大きな富を見せようとしていると学んでいます。イザヤ書の中にある物語が、この真理を見事に描写しています。

イザヤは、イスラエルが神に反抗する物語を語っています。結果的には、すべての民がバビロンに捕囚されることになるのですが、三九章にわたって、預言者イザヤはイスラエルの民の多くの罪と失敗、そして神が与えられた罰の理由を詳細に述べています。

しかし四〇章以降は、神は、民がご自身のことを神として敬うことを忘れてしまっても、民のことを忘れも見棄てもしないと励まし始めます。メシアであるイエスの到来によって世界を正すばかりでなく、異邦人の王キュロスを通して、民を捕囚から贖い出すのです。神はキュロスに、信じられないほどの富をもたらす宝石や金といった宝物を見いだすと約束します。この富によって、キュロスは軍隊を整えることができ、神から与えられた使命を全うすることになるのです。

ご自身の約束を必ず果たされる神に仕えているとは、なんとすばらしいことでしょう。キュロスは王となって非常に裕福になり、イスラエルを解放するために用いられるだろうと神は語られましたが、そのとおりになりました。神がイスラエルの民を解放し、救い出すという誓いを果たされたことを思うと、私の信仰は強められます。

でも、最近あったことをお話ししましょう。ある夜、私は自分が味わっている深い苦しみに対して、慰めを痛烈に求めていました。もうその時は、キュロスもバビロンもイスラエルもどうでもよかったのです。長い間、生化学的障害〔訳注＝体内の化学物質のバランスの乱れからくる障害〕で苦しんできた大切な人のことで苦悩していました。悲惨な結果に終わるのではないか、心が引き裂かれるような事態になるのではないか、と先のことを心配して不安になっていました。そして、こう思っていました。「この苦しみは耐えられません、神さま。私や大切な人を取り囲んでいる暗闇に耐えられません。今晩、あなたが必要です。」コールの誕生やジェイミーの病気、そして家族の精神科病棟への入院と、多くの闇を通ってきたにもかかわらず、私はまだ、苦しみの深みの中で喜びを味わうにはどうしたらよいのか、神が学んでほしいと思っておられることは何も学んではいませんでした。

そこで私は、聖書のコンピュータープログラムを開き、創世記から黙示録まで「dark, darkness（暗闇）」に言及している箇所を調べ上げました。すると約二十ページにもわたる結果が出てきました。慰められる箇所もありましたが、混乱してしまう箇所もありました。でも何よりも、暗闇の中から神に叫び声をあげたのは私が最初の人ではないことはわかりました。

サムエル記第二、二二章一二節でダビデ王は、神は「黒い雨雲の闇のコート」に身を包んでいると言います（ザ・メッセージ）。「そう！　神さま、私もまさにそんなふうに感じているんです。あなたは身を隠しているので、見つけることができないでいるように感じているんです！」ヨブ記一九章八節では、ヨブと同じ気持ちです。「神は私の道をふさいで通らせず、私の通り道に闇を置かれた。」神さま、私はあなたが置いたハードルを越えられません。真っ暗な闇の中にいます。また、私の魂は、ダビデ王が詩篇一三篇三節で、必死で願っているのと響き合っています。「私にこたえてください。私の神、主よ。私が死なないように闇の中に光を与えてください」（ＴＬＢ）。

イザヤ書まですべての箇所を調べると、怒って神に訴え、困っているのに姿を見せない神を非難する聖書の人物たちに、心から同意している自分に気づきました。そして、イザヤ書四五章のキュロスの記事に辿《たど》り着いた時には、預言の言葉が私の目を惹きました。神の約束の力によってあまりにも驚かされたので、声を出してあがいたほどです。

「わたしは秘められている財宝と、ひそかなところに隠された宝をあなたに与える。それは、わたしが主であり、あなたの名を呼ぶ者、イスラエルの神であることをあなたが知るためだ。」

（イザヤ四五・三、傍点訳者〔ＥＳＶでは、of darkness「暗闇にある」〕）

私が最初に思ったのはこうです。「私は暗闇にはいたくはない。大切な人にも暗闇にいてほしくない。私は今、この暗闇から抜け出したいの。」そして次にこう思いました。この暗闇の中に宝物が隠されている、これが真実なんてあり得る？

それからこう考えました。もし暗闇の中に宝物が隠れていても私は欲しくない、と。この痛みの中にいなければ見つけられないのでしょうから、感謝はしておきます。でも神さま、私はこんな痛みの中にいつまでもいたくないのです。

その時私に見えていたのは悲しみの線路だけで、喜びなど視界には入っていませんでした。しかし、暗闇の中には確かに宝物が隠されていることを信じ、さらにそれを見つけられると信じるかどうかを迫られていました。そして、そうです。そのような宝物は神からの特別な贈り《ギフト》ものだという事実を、私は受け入れなければなりませんでした。そのギフトは、私の最も深い痛みと苦悩という密かなところでしか見いだすことのできない宝なのです。

私の好きな著作家ヘンリー・ナウエンはこう言います。「私たちのさかずきは痛みでいっぱいになっているので、喜びなど程遠いものでしかないと思われます。葡萄のようにつぶされる時、私たちにはワインになれるとはとても思えないのです。[*1]」

私は決断しなければなりませんでした。そして、あなたにもその決断が必要です。暗闇の中にいる時に、喜び、祝福、意味という宝物を見いだすことができると信じて、自らを神に明け渡しますか。居たくもない暗闇に、神は私を置かれました。そして、苦しみの中でしか見いだすことのできない宝物へと神が導いてくださるように、私はその暗闇に居続けるいう決断をしなければなりませんでした。

おそらくこれを読みながら、こう思っているのではないでしょうか。「私はそんな暗闇を経験したことがない。私の育った家族は完ぺきではなかったけれど、温かく育ててくれ、少なくとも心地は良かった。学校でもちゃんとやってきたし、運動や勉強でも中くらいの成績だったし、比較的人気もあった。今のところ健康に関する心配も特にないし。裕福ではないけれど暮らしに困ることはない。今は何とか順調にやれている。彼女が言っていることは私には当てはまらない。」

もしそんなふうに考えているとしたら、今のうちに暗闇の中で「喜び」という宝物を探す準備をし始めたほうがいいと思います。暗闇はやってくるのです。怖がらせようとしているわけではありませんが、現実には、ここは地上であって天ではないのです。罪、痛み、病、喪失、別れ、嘆き、精神的な病、経済的な破綻、死、そしてさまざまな惨事は日々起こっています。ですから私たちはみな、そのような暗闇に備えていく必要があるのです。

情緒的な暗闇のために備えるとは、缶詰を買い置きしたり、サバイバル術の本を読んだり、遅くまで起きて将来を憂えて身動きがとれなくなったりすることではありません。お勧めしているのは、使徒パウロがコロサイ人への手紙二章七節で教えていることです。

「キリストに向かって根を深く下ろし、彼の上に人生を建て上げなさい。そうすればあなたの信仰は、教えられた真理のうちに強く成長し、感謝に満ち溢れるでしょう。」（ＮＬＴ）

あなたの信仰が豊かになり、神と親しく安定し、この世がどんな悪さをしようとも堅く立つことができるように、イエスに深く根を降ろすよう努めることを、今日私はあなたに勧めます。目の前の手も見えないほど深い暗闇の中にいても、喜びという宝物を見いだすことができるようになってほしいのです。

イザヤ書四五章三節で預言されたように、キュロスは暗闇に隠された富を見つけたと言います。でも、そのみことばはキュロスについてだけ言われた言葉ではないと思います。神は、異邦人の王を富ませてご自分の働きを成させたように、あなたや私を秘められた宝で富ませて、与えられた召しを成し遂げさせてくださるのです。

ですから、喜び、つまり苦しみの中に隠された真の宝物について語る時、私が皆さんに投げかけたい質問は、神は計画をもっておられると信じるかどうか、ということです。神が約束してくださった宝物があり、あなたはそれを探し出せると信じますか。暗闇の中であっても、神は喜びを与えてくれると信じますか。

ゴミから宝へ

子どものころ、借り物競争をしたことを覚えています。これは手軽なゲームで、よく遊びました。もしこのおもしろさを味わったことがないのならお教えしましょう。内容はこんなふうです。友だちと一緒に、近所の人が持っていそうな変なもの、思いついたもの――チューインガム味の歯間フロスや木製の洗濯ばさみ、赤いプラスチックのチェッカーゲームの駒など――のリストを作り、急いで家々を回って、近所の人が「宝物」を貸してくれるかどうか訪ねて行ってみるのです。リストにある物を一つでも多く集めた人が勝ちです。そんなつまらないガラクタを持ち帰ってくるのは、とても楽しかったです。つま先が光るクリスマスソックスを探していた時に、近所の人がそれを持っていたのですが、まさかそんな物を持っている変わった人だったなんて知りませんでした！

でも、借り物競争で集めたものは、基本的にはゴミになるものです。そんなガラクタが宝物だなんてだれも思いません。

神は私たちと奇妙なゲームをやっているのではと感じます。本当はゴミなのに「宝物」を見つける、霊的借り物競争をしてほしいと思っておられるのではないかと。でも神は、本当の宝物、本当の喜び、本当の満足を私たちに与えたいと思っておられることを明らかにしています。それらは、非常に価値のあるものです。私たちを霊的に豊かにしてくれるものであり、宝のように見えて実はゴミというようなものではありません。

ペテロの手紙第一、一章七節にはこうあります。

「このような試練はあなたの信仰が純真なものであることを示すでしょう。それは火で精錬し、金を精錬するように試されます。——あなたの信仰は金よりもはるかに尊い物でありますが。ですから、あなたの信仰が多くの試練を経てもなお強いので、イエス・キリストが全世界に現れる時には、あなたに多くの賞賛と栄光と名誉がもたらされるのです。」（NLT）

私にとってゴミが宝物になるプロセスはまだ続いていて、天に行くまで続くものでしょう。今は、醜いゴミがどのようにして宝物に変えられたのか分かち合わせてください。

すでにお話ししたように、二〇〇三年、私はステージⅠの乳がんと診断されました。一年半後、今度はステージⅠのメラノーマと診断されました。がんという火による精錬で、神は私に金を生み出してくださいました。いつまでも続き、喜びをもたらしてくれるものです。ゴミのように思えていたものから見えてきた神からのギフトは、命にかかわる病を持つ人と関わり合えるという新しい可能性です。私はがんの宣告を受ける前から、ＨＩＶやエイズに苦しむ人々を支援してきましたが、がんを経験して、世界中の人々の目を見てこう言うことができるようになりました。「ＨＩＶ陽性であるのがどんなことであるのか、私にはわかりません。でも、命にかかわる診断を受けることがどういうことかは知っています。」がんを通してでなければ得ることのできなかった、新しいレベルでの共感と同情を経験しました。

また、死と正面から向き合うことを学びました。私は以前、死をとても恐れていました。もちろん、イエス・キリストによる救いを確信していたので死後への恐れではありません。そうではなく、死の過程を恐れていたのです。そんな私に、神は恐れる必要がないと示してくださいました。そこからもたらされた恐れからの解放という「宝物」は、私に大きな喜びをもたらしてくれました。

命がどれほど尊く、もろいものであるかがわかるようになりました。老後、ポーチのロッキングチェアに夫と座って夕日を眺めるなどとはもう考えません。今は、人生は一瞬にして変わりうると思っています。でも、将来を恐れるのではなく、今この時に喜びをもたらしてくれるものを知っています。毎日起きると私は以前より、もっと情熱的に目的をもって今日という日を生きようとします。なぜなら、神が明日を握っておられるのであって、私には今日のことしかわからないからです。

また、私はイエスとより親密に歩むようになりました。それまでには決してゆだねられなかったことも、ゆだねなければならなくなったからです。夫と子どもを遺し、孫の成長を見られないままこの世を去るかもしれないということも、神にゆだねなければなりませんでした。また、アフリカを訪問し始めた六か月後にがんの診断を受けたことについても、神を信頼しなければなりませんでした。私はこう祈っている自分に気づきました。「あなたは私を支援する者として召されましたよね。でも、今私は死ぬのでしょうか?」私はそのようなことに関しても、神を信頼することを学びました。

そして、天に対する感謝と期待が増しました。天の御国はさらに美しいもののように思えるようになりました。なぜなら、そこでは壊れた体も心も癒やされ回復されるからです。

苦しんでいる人々と関わり、「あなたの感じていることがわかります」と言えることは、なんという喜びでしょう。命は短く、一日が大切であることを知りつつ生きることは、なんという喜びでしょう。家族や友だちを見て、彼らが大切な存在であり、もっと共に時間を過ごしたいと伝えられるとは、なんという喜びでしょう。天が癒やしの場所であることを知って日々生きることは、なんという喜びでしょう。これは苦しみにもかかわらず味わえる喜びではなく、苦しみゆえに味わえる喜びです。この宝物、喜びという隠された富に畏敬の念をもっています。私はそれを〝暗闇〟という秘められた場所で見つけました。

～祈り～

お父さま、人生の暗闇の中で喜びという宝物が見えるように助けてください。つらいところを通る時にも、秘められたところに、あなたは金を隠されたと信じたいのです。あなたが私の友であることを信じず、苦しみは私を痛めつけようとする敵でしかないという嘘を信じていたことをお赦しください。あなたは私とともに歩んでくださり、そうでなければ見ることのできない宝物を見せてくださいます。悲しみがもたらす喜びの賜物を退けないように助けてください。近くにおられる方であり、私と親しくしてくださる方であり、私の名を呼んでくださる方としてあなたを求めることができますように。

いま味わっている痛みが、あなたに対する大いなる情熱へと私を駆り立てますように。イエスさまの名によって、アーメン。

振り返りと適用のために

1　過去に経験した、人生の深い悲しみの時を思い出してください。どんな宝を見つけましたか。

2　あなたの愛する人があなたのことを他の人に語る時に、あなたはどんなふうに言ってもらいたいですか。あなたが喜びの人と言われるには、必要なことは何でしょう？

パートⅢ　喜びは心の状態のこと

喜びが深められるために、心はどう応答していけばよいのでしょう

またもや私の繊細すぎる心が、人との衝突によって打ちひしがれていました。今度は仲が良かった友だちとです。自動的に自己防衛システムが稼働し、攻撃を始めようとしていましたが、攻撃的な言葉を打ち放つべきか、自己憐憫《れんびん》と鬱の心地よい暗闇に逃げるべきか決めかねていました。

全く別な選択肢も浮かんできました。エレミヤ書二章一三節を思い出し、喜びを見いだすために自分の井戸を掘るという強烈なイメージです。これは、水を貯えられない井戸である友だちに喜びを求めるのではなく、あえて、断固として、すべきことができない時でさえ決して私を見放さず、見棄てない神に求める絶好の機会でした。「あなたこそ私の喜びの源です。神よ、私はあなたを選びます」と私はささやきました。

問題はまだ解決されていませんでしたが、私は今や霊的に新しくされ、強められた心で臨んでいました。自分と同じようなもろい人間に喜びを求めようという非現実的な考えではなく、私の人生に永遠に伴なってくださる「友」がいるという自信をもって。

「神よ、あなただけが私の喜びの源です」と大胆に言うのは、まだ気の引ける人もいるかもしれません。半信半疑ながらそうつぶやくことができる日も、たまにあるかもしれません。あるいは、そんなふうに思っても大丈夫かな、と慎重になっている人もいるかもしれません。でも、心でそう思うことができるようになったら、それだけで前進です。そこは、神があなたを導こうとしておられる所へ行くための出発点です。時とともに、あなたや私が神に希望と信頼を置き、神がどんな方であるのかを思いめぐらしていく中で、私たちは天の価値観を身につけるようになります。そして、天の価値観の中で喜びが成長していきます。なぜなら、それは外側の状況ではなく、内側の確信に基づいているからです。

注意深く育てられた作物のように、植えて水をやり、雑草を取り、収穫を待つという時間を経て、喜びは成長します。マイク・メイソンはこう言います。「喜びの方向は必ずしも上を向いているわけではありません。喜びを味わうために私たちは下に向かって降りて行かなければならないことがあります。頭の中を駆け巡るさまざまな思いを通して、まわりを取り囲む混沌とした状況を通して、騙《だま》されそうな暮らしぶりを通して、心の中心にあるいこいの水と緑の牧場の中へ下って行くのです。[*1]」

でも、間違えないでください。喜びは下に向かうばかりではありません。喜びはあなたの中で大きくなっていくことが可能なのです。そうなってほしいですか。喜びがあなたの中に根付くために何かできることがあるなら、何をしたいですか。覚えておいてほしいのは、私たちには敵がいて、その敵は、押しつぶされて、がっかりして希望を失い床にうずくまって泣いている私たちの姿を何よりも見たいと思っているのです。喜びが欲しいなら、闘わなくてはなりません。喜びを自然に味わえるようになるなどと思っているのなら、これまでの話は聞いていなかったことになります。幸せを味わうためには何も努力しなくていいのですが、喜びを味わうには私たちはあえて考え方を変え、行動を変え、感じ方を変えるという選択をしなくてはなりません。幸せは求めなくても予期せずに訪れますが、突然失うこともあります。でも喜びはいつも、どこでも、どんなところでも得ることができます。そしてそれは、〝喜びを選択する〟という私たちの決断の結果なのです。

繊細な喜びの芽が、嵐にも負けない強くたくましい植物に成長するために、あなたができることがいくつかありますが、そのためには、喜びの芽を心の深いところで優しく養うという選択をしなければなりません。このセクションでは、私たちの情緒や態度において、ひそかな自信を養ってくれるのはどのようなことなのかを見ていきます。悪いことが起こっても、喜びによって応答することができるような魂を育んでおけるようにです。自分の中に喜びを育てることができるように成長するだけでなく、他の人の中にも喜びを育てることができる人に、私たちもなれるのです。

7　自分の中に喜びを養う

シオンの嘆き悲しむ者たちに、灰の代わりに頭の飾りを、嘆きの代わりに喜びの油を、憂いの心の代わりに賛美の外套《がいとう》を着けさせるために。彼らは、義の樫の木、栄光を現す、主の植木と呼ばれる。

イザヤ書六一章三節（ＮＬＴ）

悲しみが入って来ないようにまわりに壁を築いたら、喜びも入って来ない。
ジム・ローン

喜びにあふれた人生を見つけようとしていたら、自分のことについて驚くべき発見がありました。もっと喜びにあふれるようになりたいと言いながら、私は自分にも人にも、それを妨害しようとしていたのです。暗い夜空の星のように輝くことのできるような心の応答を養うのではなく、開花しようとしていた喜びのつぼみを片っ端から叩《たた》き潰そうと躍起《やっき》になっている自分に気づいたのです。手に負えない出来事が予期せずに起き、自分にはその状況を変えられないという気持ちになってしまう時もあるし、さほど重要でもないことについて下した決定や選択のせいで、喜びを逃してしまうこともあります。私は同じことを繰り返したくありません。喜びを奪う人《ジョイ・キラー》ではなく、喜びをつくる人《ジョイ・ビルダー》になりたいのです。私には、喜びを根づかせるために学ぶ準備はできています。魂に喜びを養い、建て上げる四つの方法を一緒に見ていきましょう。

恵みに焦点を合わせる

大学に行くまでには、どうやったら神を喜ばせることができるかという純真な心が私にはあったと思いますが、それはかなり間違ったものでした。正しいことを行えば神は愛してくれると確信しながら成長し、ルールを守っていれば信仰深い女性になれると思っていました。「恵み（Grace）」とは女の子の名前でしかなく、神と関係あることだとは思っていませんでした。

リックと私は、一九六〇年代から七〇年代半ばにかけての激動の時代に青年期を過ごしました。ご存じのようにヒッピー、ベトナム戦争、公民権運動、性革命、ウッドストック、そしてジーザスムーブメントの時代です。

ジーザスムーブメントは情熱的な礼拝、厳しい弟子訓練、そして音楽、芸術、熱い説教を通して全国に広がりました。すまし顔でローブに身を包み讃美歌を歌い、牧師が毎回同じようなメッセージをする人種によって分離された教会は、突然流行《はや》らなくなりました。「良い人」になって親が望むとおりに生きることは、もはや若者のめざすことではなくなりました。長髪の男女が聖書の中のラディカルなイエスを真剣に受け止め、律された従順、利己主義への死、犠牲的な愛のメッセージが国を揺り動かしました。

ジーザスムーブメントが、通っていた小さなクリスチャン大学を席巻すると、私は育ってきた安全なキリスト教を超えたものを求めるようになりました。神のために「何かになる」ことにすっかり夢中になりました。そして残念ながら、神の恵みに対する誤解も相まって、神へのにわか仕込みの従順、つまりルールを守ることそれ自体が神となってしまったのです。

私が最初に守った「ルール」は、化粧をしないということでした。生まれつき金髪である私はまつ毛も眉毛もないように見えたため、このルールに従えば外見はどうなってしまうのでしょう？　当時の写真を見ると、私の顔は青白く疲れ切っています。でも、自分では敬虔《けいけん》で神を喜ばせていると感じていました。

次にマニキュアを、肉的でお金の無駄と思いやめました。それから、人前で水着を着ないことも固く決心しました。短パンもはきません。アクセサリーもなし。そして、霊性の深さを示すために朝四時に起きて祈りました。七時に起きる人より、祈るために四時に起きる人のほうがより霊的だということはだれもが知っていますよね？

でも悲しいかな、自分で決めたルールは喜びをもたらすどころか、私を独善的にしました。大学で他の女の子を見るとこう思うのでした。「あの子を見て、短パンをはいている。あの子は七時に起きる子ね。軽いわ！」

また、ルールを守る生き方は、何をやっても決して神を喜ばせることはできないという恐れをもたらしました。結局、私が関わるグループにはみな、それぞれにルールがあったのです。どれが「正しい」ルールなのかどうやってわかるというのでしょう。正しいことを正しい方法で行えば、神はより愛してくれると思っていました。私はルールに夢中になっていて、神との関係を完全に見失っていたのです。

あなたにとっては、ルールなんて破るべきものに過ぎないかもしれないし、ルールを守るのをやめるなんてわけないかもしれません。でも、私にとってはルールを守ることがすっかり肌にしみついているので、ルールを守らないという考え方にはちょっとついて行けません。私はルールが好きなのです。自分自身を安全に守ってくれる気がするし、生きやすくしてくれる気がするからです。そうですね、もっとはっきり言えば、私は自分で作ったルールが好き。だれかが作ったのではなく、私のルールは自分でも納得がいくのです。

あなたが作ったルールはそうではないかもしれないけれど。なんという偽善者ぶりでしょう！　でも、神はガラテヤ人への手紙の中で、自分で作ったルールでは喜びを得ることはできないと教えてくれています。

ガラテヤ人への手紙三章一二節は、ルールを守ることは神との関係を築く方法ではないと言っています。「ルールを守っていれば、自然に信仰によって生きるようになれるということはありません。それどころか、そうすることでもっともっとルールを守るようになってしまうのです」（ザ・メッセージ）。二一節にはこうあります。「もしルールを守ることによって私たちの中にいのちを作り出す力があるとするなら、それはもうすでに私たちのものになっているはずでしょう」（ザ・メッセージ）。これほど明確なことはないでしょう？ルールは命を生み出しません。喜びを生み出すこともありません。神との関係だけが喜びを生み出すのです。

エペソ人への手紙一章四節から七節は、神との関係がどのように生じるかを書いています。

「世界の基が据えられる前から、神は私たちを愛し、キリストにあって私たちを選び、御前に聖なる、傷のない者にしようとされました。神は、私たちをイエス・キリストによってご自身のみもとに引き寄せ、自分の子にしようと、あらかじめ定めておられました。これは神がなさりたかったことであり、そのことは神に大きな喜びをもたらしました。」（NLT）

クリスチャンになった時、神は私を「キリストにある（in Christ）」者としてくださいました。そして、私はいまや完全に神に受け入れられています。この考えは大変重要なので、「キリストにある」というフレーズはエペソ人への手紙一章の中では十二回も用いられています。神は、ご自分との関係を育むためにルールを守ることが大切なのではなく、「キリストにある」ことが大事だということをあえて語っているのです。

神が私を受け入れてくださっている、ということはなかなか理解できませんでしたが、心に刻まれたひとつのイメージによって、わかるようになりました。今ページをめくる手をとめ、二分間ほどとって、ひとつのエクササイズを行ってみてください。神があなたを受け入れてくださっているという、甘美な真理を存分に味わってほしいのです。

紙切れを用意してください。どんな紙でもいいです。その紙切れをもみくちゃにして、それから開いてください。インクや泥で汚して、何カ所か端を破いてください。汚い紙切れになったでしょう？

この紙切れは、イエスのもとに来る以前のあなたの命を表しています。結構汚くて、あまり価値があるとは言えません。破れや切れ目、汚れはあなたが犯した失敗を表します。私もそうですが、その失敗の中には、神だけにしか知られたくないものもあることでしょう。私たちは、これまでにしてきた選択や加担してしまった行い、言ってしまった言葉を恥じていると思います。

次にこの紙切れを、本のどこでもいいので中に挟みしっかり閉じます。本を手に取り、紙切れがどこにあるかわかるか見てみてください。そして今度は本を逆さに持ちます。紙切れが小さかったら、どこにあるかは全くわかりませんね。紙切れは本の中にあります。言われなければ、本の中に紙切れが挟まっているなんて全くわからないでしょう。

私たちのぼろぼろになった魂をみもとに引き寄せてくださった時に神がしてくださったのは、こういうことなのです。神は私たちをイエス・キリストのうちに入れてくださったのです。私たちはいまや「キリストのうちに」あるので、神はどの方向から見ても、神の愛する子イエスの完全な義にしか見えないのです。本が物理的に〝あなた〟という紙切れをきれいなページの中に納めているのと同じように、イエスは霊的にあなたの汚れた罪深い魂を覆い、純粋できれいなシミひとつない神の「義」の中に納めてくださるのです。あなたはキリストのうちに受け入れられているのです。

C・S・ルイスはこう指摘しています。「キリストが人のために死んだのは、人に死ぬ価値があるからではなく、人を死ぬ価値のあるものとするためであった。*1」キリストにあって、神は今ほどあなたを愛することはないし、今後もこれほど愛することはありません。神があなたを受け入れているのは、その行いではなく、キリストの完全さのゆえであり、それは永遠に変わることはないのです。

私たちを愛してくれるはずの人々はだれもがそうはできないため、その不適切な人間の愛を神に投影してしまいます。私たちに対する神の愛の深さを真に捉えることができるようになれば、私たちの神観、私たちに対する神の計画、そして私たちの自分に対する見方は、全く変わっていくでしょう。

人の愛は廃《すた》れ、弱り、いつも一緒にいることで薄れていくことは事実です。心配事や不安なことで家族や友だちの「邪魔」をすることを躊躇します——迷惑がられるのではないかと恐れて。困っている時に支えてもらうことが度重なると、たとえ近しい人であっても、自分はその人にとって重荷になっているのではないかと心配になります。

しかし神にとって、私たちは決して邪魔でも重荷でもなく、愛する子どもです。私たちに対する神の、そのような心遣いの感じられる優しい表現、豊かな意味を含む言葉は、私たちの心の最も深いところにある願いに語りかけてくれます。神の愛する子であるとは、大切にされ、尊ばれ、価値のあるものとされ、慕われているということです。神はあなたに対して我慢していることはなく、恋い慕っているのです！

神がそのように私たちのことを思っていると、どうやって知ることができるのでしょう？　神の喜びの書が、そう言っています。神はイエスを「わたしの愛する子」と呼びます（マタイ三・一七）。エペソ人への手紙一章では、私は「イエス・キリストにある」者と言っています。ということは、もしイエスが神の愛する子なら、私もそうなのです。

「そしてそれは、神のすばらしい恵みのゆえに神に賛美をもたらします。神はその恵みを、神の愛する方、キリストにあって、私たちに自由に分け与えてくださいました。」
（エペソ一・六、NCV）

多くの聖書箇所が、私たちが神の愛する子であることを確認させてくれます。他に二つあげましょう。

「ですから、あなたがたは神に選ばれた者、聖なる者、愛されている者として、……。」
（コロサイ三・一、NASB）

「しかし、主に愛されている兄弟たち。私たちはあなたがたのことについて、いつも神に感謝しなければなりません。神が、御霊による聖別と、真理に対する信仰によって、あなたがたを初穂として救いに選ばれたからです。」

（テサロニケ二・一三、NASB）

もし神があなたを本当に愛しておられるか定かでなかったら、この霊的真理こそ、その疑いを晴らすことができるでしょう。エペソ人への手紙一章にあるように。私たちは、神ご自身の家族の子とされたのです。これは、神がいかに私たちを愛しておられるかを最も明らかに証明しているでしょう。神は、あなたが家族に加わることを「大きな喜び」とされるのです。みことばの中に、神のあなたへの愛が書かれてあるなんて驚きですよね？私たちのことを思うと、神の胸は高鳴るというのです！

神はこう語っておられるのを、私は今知っています。「わたしがあなたを愛しているのは、あなたが何をしたからというのではなく、持っている物が価値あるからでも、ルールをちゃんと守ったからでも、大学で短パンをはかなかったからでもない。わたしがあなたを愛すると決めたからだ。」これこそ恵みです。受容です。神の私に対する恵みと受容を信じると選択することが、私の魂の最も柔らかいところに喜びを育み、将来のことも神に信頼できるようにしてくださるのです。

将来のことを神に信頼する

この小さな喜びの種が育ち始めると、心配という毒の要素をはらんだ試練を受けることになります。心配ほど喜びを素早く消し去るものはありません。皆さんの中にも、見事なまでに心配症の人がいるでしょう——心配の達人とまで呼ばれるレベルの人がいるかもしれません。経済的なこと、仕事、夫婦関係、子ども、健康の心配がなかったら、いつも心配していたいがために、なんでもないことを心配しています。他の人のために心配して、副業ができるかもしれませんね。

喜びの定義を思い出してください。「喜びとは、神が私の人生の隅々に至るまで支配してくださっているという揺るぎない確信であり、最後にはすべてが大丈夫だというひそかな自信であり、そしてすべてのことにおいて神をほめたたえることを選ぶという決意。」

信頼と喜びとには関係があることがわかりますか。神への信頼が増すと、喜びも自由に成長するのです。喜びと心配を両方持っていることはできません。

ある賢い友人が言いました。「心配している時は信頼していないし、信頼している時は心配していないのよね。」

神は私たちが、しっかりと神を信頼して見つめ、問題はちらっと眺めるだけになってほしいと願っています。私は問題をじっと見つめ、神をちらっと見るだけになってしまいがちです。心配させられるようなことが起こると、エネルギーのすべてを問題に注ごうとしてしまうのです。自分を不安にさせるような状況について考えないでいることができず、夫、仕事、ミニストリー、健康といった生活のあらゆる領域に影響を与えてしまいます。問題に、じっと注目してしまうのです。

問題を見つめるために費やすエネルギーが、解決策を生み出すとか方策を思いつくとか生産的なものであればいいのですが、残念なことにほとんどの場合、私は前日と同じ考え方をただ繰り返していることが多いのです。そして問題について神に語る時さえ、根本的にはまだ問題をじっと見つめたままです。でも、私は紅海をふたつに分けた神に向かって話しているのであって、私が神にもっと注意を向ければ、その問題を解決でき、またはそれと向き合うための力をいただくことができるのです。

神を信頼するために欠かせないのは、神をじっと見つめ、問題はちらっと眺めるにはどうしたらよいのかを学ぶことです。それが逆になり、問題を注視し、神をちらっと見るだけになってしまうと喜びは心に根づくことはできません。なぜなら、自分のことばかりに集中してしまうからです。ペテロの手紙第一、五章七節にあるように「あなたの思い煩いのすべてを神に負わせてよいのです。神はあなたに関心をもっておられるからです」（フィリップス訳）。信頼が欠けていると、心の中の喜びは滞ってしまいます。

マタイの福音書六章三三節から三四節にはこうあります。「あなたの命すべてを、神の現実、神の主導、神の備えの中に浸らせなさい。何かを見逃すことを心配してはなりません。毎日の心配事は応えられていると気づくでしょう。神がいまなさっていることに注意の全部を向けてください。そして明日何が起きるか起きないかに、かっかしてはいけません。神はどんな難しいことが起こっても、時に適ってそれを扱う助けをしてくれます」（ザ・メッセージ）。

ほかの訳では、「明日のことを心配してはなりません。神は明日もあなたのことをケアしてくださいます。その日その日を精一杯生きなさい」（三四節、TLB）。

洗面所の鏡に聖書箇所を貼っておきたいなら、このみことばがよいでしょう。私は何度も読めるように、手に書いておかなければなりません。肌に刻み込んだほうがよいかもしれません。「その日その日を精一杯生きなさい」と。

『わたしは決してあなたをひとりにしない』（邦訳・いのちのことば社、二〇一二年）を書いたサラ・ヤングは、みことばを思いめぐらし、毎日のデボーションを本にしました。その中で彼女は、イエスが自分の子どもたちに語り掛けるような形で書いています。これは、心配することについて、サラ・ヤングが申命記二九章二九節と詩篇三二篇八節から解釈した言葉です。


「わたしはあなたの人生を一歩一歩、導いていく。

わたしの手をしっかり握って、わたしにすべてをまかせ、わたしの導くままに今日を歩みなさい。あなたの将来は不確かで、もろそうで——危なっかしくさえ見える。けれど、それでいい。隠されている事柄は主のものである。そして先々のことは隠された事柄なのだから……。

将来がどうなるかを解明しようとするとき、あなたは、わたしのものである事柄を手中におさめようとしていることになる。これは、あらゆる形の思いわずらいがそうであるように、反逆行為——あなたを大切に扱うというわたしの約束を疑うことなのだ。先々のことで思い悩んでいるのに気がついたら、そのたびに悔い改めてわたしのもとに戻りなさい。わたしが次の一歩を示そう。そのあと、また一歩、また、一歩……。

心をゆるめて、わたしとの旅を楽しみなさい。あなたが歩んでいく道を、わたしが先だって切り開いていくことを確信して……。」*2

心配すること、つまり私を大切に扱ってくれるという神の約束を疑うことが、神への反逆行為だというサラ・ヤングの言葉を思いめぐらした時、私はショックを受けました。神に反抗して生きるなんて、これっぽっちもしたくありません。あなたもそうでしょう？でも本当にそうだと思います。神は繰り返し、私を大切に扱ってくれると約束し、願う前からすでに、私たちの必要を知っておられると確信させてくれます。私たちは神の愛する子なのです。緊張性頭痛を患ったり、爪を噛んだり、いらいらしたり、腹痛を覚えたり、不眠になってしまったりするということは、こう言っているのと同じです。「あなたは前には助けてくれましたが、今はどうなんですか。神さま、あなたを頼りにしてよいかわかりません。だから自分で何とかします。」　そしてこれは、信頼の完全なる欠如で、静かなかたちでの反抗です。

何年も前リックと私は、当時はまだ幼かった子どもたちをおいて、はじめて海外へ旅行しました。ご存じのように私は飛行機が嫌いです。当時はとにかく大嫌いでした。出発の何週間も前、私は子どもたちから十日間も離れることになる旅のことを考え始めました。そして、自分が関与できないところで起こりうるあらゆる悲惨なシナリオを、毎晩ベッドの中で思い浮かべては冷や汗をかいていました。

まず、リックと私は飛行機事故で死んでしまうこと。そして、子どもたちが死んでしまうか、大怪我をすること。祖父母たちがどれだけ信頼できても、です。家が火事で燃えてしまうことも考えました。そして、私のコントロールが及ばない恐怖の筆頭は、教会員たちが結集して別の人を牧師にし、私たちをサドルバック教会から追い出すことです。私は不安でおかしくなっていました。

私は何度もリックにこう言いました。「怖いわ。私たちが死んだら？　子どもたちが死んだら？　家が燃えたり、仕事を失ったりしたら？」　彼は忍耐強く、そして確信に満ちて、大丈夫だと言いました。「でも、大丈夫だなんてわからないでしょ？」　涙で訴えました。「あなたは水晶玉を持っていて、飛行機は追突しないと言ってくれたの？　神さまがメールで、子どもたちも、家も仕事も大丈夫だって言ってくれたの？」

かなりひどい不安に陥った私は、旅をキャンセルするか何かしなければならないほどでした。そしてついに、神と真剣に向き合わなければならないのだと気づきました。

聖書を開き、そして読んでいくと、天使ガブリエルがイエスの母マリアに、メシアをみごもったと告げる話に行きあたりました。マリアは「もしこうなったら？」が心の中にいっぱいになり、恐ろしくなったに違いありません。でも、彼女は何と答えたのでしょう？

すぐに——何週間も泣いたりぐずぐずしたりせずに、こう言ったのです。「私は主のはしためです。どうぞ、あなたのおことばどおり、この身になりますように」（ルカ一・三八）。私は思いました。これだわ！「神さま、怖いというだけでこの旅をキャンセルしてほしいなどと、あなたは願っておられません。私は怖いけれどあなたを信頼します。将来のことはわかりません。知りようがありません。でも神さま、あなたは今日私に十分です。そして明日も私に十分で、その次の日も十分です。私の態度がマリアのようになりますように。平和の心に辿り着くことができますように。」

私はうかつにも、恐れ、不安、心配、憂鬱という劣った神々に心を向けてしまっていたのです。私の命のあらゆる細かいところまで神がご支配されていると信頼することにより、神に対する確信に満ちた平安へと導かれました。でもそれは、思っていたような平安ではありませんでした。導かれたその平安とは、私が死なないという確信ではありません。子どもや家やリックの仕事とは関係がありません。私の平安とは、何が大丈夫でなくても、「私」は大丈夫。神が私と共におられ、神が十分であるなら何が起こっても大丈夫。これが、私が言うひそかな自信です。神が乗り越えさせてくださるという自信です。

神が私たちの中に造ろうとしておられる平安は、この種の平安です。怖がらせるようなものが襲ってきても、私たちは平安と喜びを培うことのできる最善の場所にいるのです。

そのような場所で、私たちは神にこう言うことができます。「私はあなたのものです。どうぞ、あなたのおことばどおり、この身になりますように」

生活のバランスをとる

私たちはこなせないほどの要求に追われて、日々を過ごしています。EメールやSNS、携帯電話、カープール〔訳注・家族や近所の人との車の相乗り〕が発達する二千年も前に、ギリシアの哲学者ソクラテスは言いました。「忙しい生活の虚しさに注意せよ。」あまりにも忙しいと喜びは枯れてしまいます。私たちは、仕事を片づけるのに時間がたっぷりあると思っていたのに、いざとなると時間が足りなくなってしまうというようなことを繰り返しています。そして、引き受けるべきでないことを引き受けてしまい、結局それに縛られて、最も大切な人々のための時間も体力も残っていないのです。

子や孫がゲームをしようと言ってきても、やることがいっぱいあるのでできません。配偶者が一緒に時間を過ごそうと言っても、疲れすぎているので断ります。友だちが話を聞いてもらいたくても、仕事に戻らなくてはならないので集中できません。朝に教会で耳にしたことのために祈りたいと思っても、スーパーに行く道の途中で忘れてしまいます。自分の中で重要と思っていることを追いかけてしまい、一緒に時間を過ごしたいと願っている最も大切な人々を置き去りにしています。

人は忙しさのことになると、とんでもない嘘つきになります。でも、嘘をついている相手は自分自身なのです。自分を欺く能力にかけて、私たちはすごいのです！「今は忙しい時だから」とか「こんなの今だけだわ。永遠に続くわけじゃない」といって、この異常な忙しさは、ニューノーマル（新しい日常）ではなく一時的なものと考えて自分をごまかしているのです。

アニー・ディラードは簡潔にこう述べています。「日々をどう過ごすかは、当然ですが、人生をどう過ごすかと同じです。この時間をどう過ごすか、あの時間をどう過ごすか、それが人生を生きているということです。[*3]」もちろん、忙しい時というのも例外的にはあります。でもそんな一時の忙しさも、簡単に習慣となりえます。そして習慣になってしまったものは、生き方にもなりうるのです。忙しい生き方は喜びを奪います。

詩篇一二七篇二節にはこうあります。「あなたがたが早く起き、遅く休み、糧を得るために懸命に働くのはむなしい。主は愛する者に、眠っているうちに食物を与えてくださる」（GW）。私には、このみことばの言っていることがよくわかりません。朝起きたら、眠っている間にすべて仕事が終わっていたなんて見たことがないからです！　でも、ここで言っているのは、これが終わらないと全部駄目になるといって朝から晩まで根を詰めて働き、結局は疲れ切ってベッドに入るものの疲れすぎて眠れないなんていうのは自滅的だということです。忙しさでスケジュールは埋まっても、家庭を破壊します。そして喜びをも奪います。

忙しさに対する解決策は、バランスです。バランスを見つけるのには、神との正直な会話から始まります。神に問いましょう。「なぜ私は忙しいのでしょう。忙しさはこの人生の中でどんな意味があるのでしょう。あなたとの関係においてはどんな意味が？　なぜ私はこんなに追い詰められているのでしょう。なぜこの仕事が人との関係より大事なんでしょう。この忙しさが意味するのは何でしょう。」　神はあなたに示してくださいます。

あなたはなぜ追い詰められているのかを神と腹を割って話したら、人生は短いと認め、ペースを落としましょう。私の友人であるリンダは、忙しい人生をゆっくり優雅に生きていますが、こう言いました。

「私は毎日の生活という食卓に共に座る人たちのことを感謝しています。家族であろうと、隣人、友だちであろうと。私たちの人生はグラスの淵まで満たされていて、人々との関係の豊かさであふれています。それは信仰の道をともに歩むことからくる愛の絆であって、速く生きるのではなく深く生きるという決意した信仰の歩みからくる愛の絆です。競争ではなく平和です。」

リンダは、ヤコブの手紙四章一四節の真理をよく理解しています。「あなたがたには、明日がどのようなものかどうやってわかるのですか。あなたがたのいのちは朝霧のようです。しばらくの間あらわれて、消えてしまいます」(NLT)。また、ヨブ記七章七節「私のいのちは息にすぎない」(TLB)。これらのみことばが教えているのは、時間はいのちであり、いのちは短いということです。人生が短いのなら、それに応じて「速く」動かなければならないという人もいます。死ぬ前にすべてを詰め込むためです。でも、リンダはこう結論づけています。人生は「短いのだから」、どんな季節もゆっくり味わうべきだし、実際に楽しむべきだと。

もちろん、よちよち歩きの子どもがいる時も、子どもが巣立った時も、フルタイムで働いている時も、年齢相応の健康の心配事がある時も、人生のどんな季節にも限界がありますが、同時に、その時にしかできないこともあります。でも私たちは、人生には何の変化もないかのように生きています。伝道者の書三章一節にはこうあります。「地におけるすべてのことにはそれぞれに時があり、それぞれに季節がある」(CEV)。本当なら、私たちは自分の置かれている人生の季節にしたがって、予定や優先順位を常に調整し続けなければならないのです。バランスが取れているということは、自分の季節を見極め、それに合わせることです。

私の一番のお気に入りの映画は指輪物語三部作です。壮観さ、勇敢さ、善と悪の闘いという壮大なテーマ、そしてメインキャラクターのひとり、灰色のガンダルフの知恵。苦境に陥った他の登場人物が、こんなことはなければよいのにと言うと、ガンダルフはこう答えます。「このような時を経験するすべての人がそう願うじゃろう。しかし、それは彼らが決めることではない。我らが決めなければならないのは、我らに与えられた時をどうするか、ということだ。」[*4]

人生の終わりに、あなたに与えられた時間について下した自分の決断に満足することができるでしょうか。もっと大切なのは、その決断を神は喜ばれるかということです。大切なのは、自分に与えられた時間をコントロールすることを日々神にお任せすることです。速さではなく深さが、バランスの取れた生き方の真の物差しであることを心に留めて。

詩篇三一篇一五節「毎時間、私は私の日をあなたの手にゆだねます」（ザ・メッセージ）。このみことばは、あなたのスケジュール帳、やることリスト、締切の日々の中で、時間を賢く使うことに集中するのを助けてくれるでしょう。こうして魂に喜びを養うのです。

受け入れる練習

もう一つ告白しましょう。私は完璧主義です。それは誇りに思っていることではありませんが、全米完璧主義者クラブのメンバーズカードを持っているとよく冗談を言います。自分にも人にも完璧であることを求めてしまうのです。また生きている世界にさえ求めてしまい、結局そうやって自分で自分をがっかりさせています。

髪型がちゃんと決まっていてほしいのに、二度と同じようにカールしてくれません。新しいシャツをきっちり表示どおりに洗っても、初めて洗う時には縮んでしまいます。教会に行って、スクリーンに映し出された歌詞にスペルミスがあることもあります。そうするといらだつのです。なぜなら物事が「完璧」ではないからです！

「完璧であることはなぜこんなに難しいの？」私はよく声を出して言ってしまい、それで人を驚かせてしまうのは当然です。その問いの答えは簡単です。完璧であることは難しいのではありません。不可能なのです。創世記三章で起きたことのゆえに。アダムとエバが木の実を取って食べ、神のようになろうとした時、彼らはこの世に呪いをもたらしました。世はそのことを理解していません。それを「マーフィーの法則」と呼びます。うまくいかない可能性のあるものは、必ずうまくいかなくなるのです。人はそれをおもしろいとか賢いとか言いますが、実際は創世記三章が行動に現れているだけなのです。

完璧主義のルーツは創世記三章でしっかり植え付けられただけではなく、育った環境によっても植え付けられています。何をやっても喜ばせることが難しい親、家族、人から尊敬されている先生やコーチは、自尊心を養う上で大きな損害を与えています。彼らの「声」はいつも私たちの頭の中に、批評家として居座っています。

あなたはどうでしょう？　完璧でありたいという願いは、仕事や目標を達成したいという能力の邪魔になっていませんか。人と深い関係を築く上での妨げになっていませんか。完璧主義は、摂食障害や不安障害にまで及びます。とてもたちの悪いものです。完璧を追い求めることで、喜びや平安が失われてしまうと気づいていませんか。

リチャード・カールソンはこう言います。「心が平和で満たされている完璧主義者には会ったことがありません。完璧でありたいと思うことと、内面の平静さへの願いは反発し合うのです。*5」

数年前に、完璧でありたいという願いは、それ自体は悪いことではないと気づいた時にはホッとしました。私たちは、そのように造られているのです。完璧な身体になるよう造られているのです。私たちは完璧な関係のために造られています。完璧な心を持つよう造られています。永遠に生きるよう造られているのです。私たちの中の深い何かが、失われたものを求めているのです。だからそれを求め続け、魂が求める完璧さを見つけようとし続けるのです。

　ですから、完璧を求めるのは間違ってはいません。それをこの地上で期待することが、間違っているのです。地上では見つけられないのです。"あらゆること"において、何かが本当に間違っているのです。それは、イーヨーである私だけが気づいているのではありません。私たちは呪いの下に生きているという事実を認めています。完璧は、神が新天新地を創造し、パラダイスが回復する時にようやく来るのです。パラダイスは創世記三章で失われましたが、ヨハネの黙示録二一章で回復します。その預言が成就した時、私たちが願っていたものが回復されます。神はこう言われます。「神は彼らの目から涙をことごとくぬぐい取ってくださる。もはや死はなく、悲しみも、叫び声も、苦しみもない。……見よ、わたしはすべてを新しくする」（黙示二一・四〜五）。

　つまり、もはや呪いの下に生きないということです。髪の毛は毎回ちゃんとカールするのです。歌詞にスペルミスはなく、会話に誤解はありません。疎遠になる関係はなく、心の病もありません。うまく働かない体はなく、がんもありません。壊れたものはすべて回復します。それが喜びの理由です。

完璧主義の解決策は、受容することです。つまり、不完全さがなくなる時のことに焦点を当てて、地上での不完全さを受け入れるのです。もしこの世で完璧さを味わおうとすれば、達成されることは決してないでしょう。自分の中に完璧を求めようとしたら、喜びを殺してしまいます。あなたも私も、心の中に存在する批評家を解雇する必要があります。こうでありたい自分ではなくありのままの自分を受け入れ、こうであってほしい彼らではなくありのままの彼らを受け入れ、こうであってほしい世の中ではなく今の世の中の現状を受け入れれば、今日の私の喜びも、明日への希望も大きくなっていけるのです。

喜びを勝ち取るために闘う

私はこの章の初めに、あなたはどれだけ喜びを日々味わいたいのか、またそのために闘うつもりはありますかと尋ねました。喜びが現実のものになるために律法主義、心配、仕事中毒、そして完璧主義という心の態度と闘い、その代わりに恵み、信頼、バランス、受容を養っていかなければなりません。そのために闘わなければなりませんが、価値のあるものは、そうでなければ勝ち取ることはできません。あなたも私もひとたび喜びを養うことに熟達すれば、今度は他の人の中にそれを養う喜びを味わうことができるでしょう。

〜祈り〜

お父さま、私がこれまでに、批判や完璧主義、不安、懐疑心、忙しさを心に根づかせてしまい、喜びを追い出してしまったことを見ると圧倒されてしまいます。神さま、そうではなく、私は恵みと信頼の人になり、あなたが下さる喜びを他の人が見えるように映し出す人になれますように。自分ではできません。神さまが私の心の奥深くに入って働いてください。喜びにあふれた人になれるように、私を変えてください。イエスさまの名によって祈ります。アーメン。

振り返りと適用

1　あなたはどんなふうに喜びを殺してしまっていますか。

2　恵み、信頼、バランス、受容から一つ選んで、この喜びに満ちた応答が作られることに焦点を合わせられるよう、神に助けを願いましょう。

8　ほかの人の中に喜びを養う

神の道を歩もうとするとき、何が起こるのだろうか？　果樹園で実がみのるのと同じように、神は私たちに賜物をもたらしてくださるのだ。それらは人々に対する愛情、人生に対するあふれるばかりの喜び、静けさといったものだ。また、物事にとことん付き合おうという心や同情心が養われ、根本的な聖さというものは物や人に浸透するという確信を得るようになる。そして、いつしか、物事に忠実なものとされているのだ。

ガラテヤ人への手紙五章二二節（ザ・メッセージ）

この世には、パンに対する飢えよりも、愛と感謝に対する飢えが多い。

マザーテレサ

リックと私が結婚して一年目は、非常に多くの葛藤がありました。それも結婚してすぐ、新婚旅行からです。それには多くの理由がありましたが、ある一つの出来事が大きな傷をもたらしたのです。私たちがカナダのバンクーバーをドライブしていた時、リックが私のほうを見て優しく、考えながらこう言いました。「こういうのはどう？　結婚してから起こった特別なことをみんな記録して、アルバムを作ったらどうかな。二人で行ったところとか、特別な出来事とか、写真を撮ってもいいよね。そして、年取ったらポーチでロッキングチェアに座って、なんて良い人生だったんだろうって振り返るんだ。」

　どうしてかわかりませんが、その日はひねくれていて、私はこう言ってしまったのです。「そんなの最悪のアイデアだわ。」　リックはがっかりし、恥ずかしさもあって顔が曇りました。その後どうなったのかは覚えていませんが――新婚の夫からの愛の申し出をぶっ潰した罪悪感を引きずっているあまり、記憶が吹っ飛んだのかもしれません。とにかくリックを打ちのめしてしまったのです。彼はよく考えて、全く男性的でないことを提案してくれたのに、私はそれをにぎりつぶしたのです。それはただ意地悪なことでした。

　リックがこれを乗り越えるには二十年かかりましたが、仕返しをしてきたのです！

　ある年のクリスマスのこと、私はリックには新しいバーベキューグリルが必要だと決めました。私の言葉に注意してください。決めたのです。今あるグリルはひどい状態で、自分を燃やさずに火をつけることができるのは、リック以外いないのです。私はこう思っていました。「リックが帰ってくる前に子どもたちに点火させることさえできないわ。子どもたちが燃えちゃう！」

ウエアハウスストア〔訳注・倉庫型のスーパーマーケット〕が閉店するため、私は最高にかっこいいバーベキューグリルを買うことができました。たくさんの付属品がついているすごいグリルであるばかりか非常に安かったのです。私はリックのために超特別なクリスマスプレゼントを買えたことに我を忘れるほどでした。そして、クリスマスの朝にお披露目するまで、ガレージにシートをかけて隠しておきました。

クリスマスの日、親戚も招いたので家は人でいっぱいでした。私がリックに特別なプレゼントを用意していることは全員が知っていました。それで皆がプレゼントを開け終わるとガレージに集まりました。リックの喜びを記録するために、ビデオカメラを回している人もいました。リックがシートの下に隠れているグリルを見てくれるのが待ちきれませんでした。

「これは何？」シートを持ち上げてリックが言いました。

「バーベキューグリルよ！」私はこわばった笑顔と、必死さが伝わるような声で言いましたが、すでにその「重要な」瞬間は、最悪の結果に終わろうとしていることがなんとなくわかりました。

リックはグリルを見て言いました。「バーベキューグリルなんていらないよ。」私のクリスマスの夢も希望も地面にたたきつけられました。

リックのことを冷たい目で見てほしくないので付け加えますが、テレビの衛星放送を見たかったリックは、自分が欲しい物のヒントを数か月の間与えてくれていたのです。シートの下にある大きい箱には、当然衛星放送の受信器があると思って、とても楽しみにしていたのでした。ですから、シートを取ってそれがバーベキューグリルだった時、あまり良い気分にはなれなかったのです。私はなんとか寝室まで行き、泣いて、枕を叩き、彼についてあらゆる悪い言葉を吐きました。皆の前で恥をかかされ、そして失望しました。プレゼントを拒否されただけでなく、買った店も廃業してしまったので返品することもできません。（でも義理の父〔リックの父〕はとても優しく、「私はバーベキューグリルが欲しいと思っていたんだ」と言って、その日私から買い取ってくれたのです。でもそれは二年後に彼が召されるまで、中庭に新品のまま置いてありました。）

話の結末をお話ししましょう。翌日、離婚裁判所には向かいませんでした。私たちは長い話し合いをし、涙とともに抱き合い、仲直りもしました。この経験は思い出すだけでもつらいものでしたが、家族の伝説となりました。「クリスマスバーベキューグリル」の話には、うめきと笑いとからかいが巻き起こります。

前の章で見たように私たちには習性があるのです。律法主義、心配性、忙しさ、そして完璧主義などです。そしてそれらは、私たちの深いところに喜びを養うのではなく、喜びを殺してしまいます。明らかに私たちは他の人と惨めさを共有したいようです。人の心に喜びを養うよりも、神がその人に養ってほしい喜びを殺してしまっているからです。私はリックの中の喜びを殺し、リックは私の中の喜びを殺しました。もうそんなことはしたくありません。あなたもそうでしょう?

古代の哲学者アレクサンドリアのフィロは、こう言いました。「親切にしなさい。あなたが出会う人はみな、激しい戦いをしているのだから。」そのような視点で人を見るなら、毎日の会話がどう変わるでしょう。あなたが出会うすべての人、家族、友だち、同僚、隣人、知らない人であっても、隠された悲しみをもっていると知っていたら、態度は変わらないでしょうか。もしあなたの人生の目的が、人の中に喜びを育むことだと知ったら?それはあなたが経験する喜びのレベルに影響を与えると思いますか。

周囲にいる人々の中に喜びを育む一端を担うことのできるための、四つの方法を見ていきましょう。言い換えれば、私たちが発見した喜びを他の人も経験できるように招く方法です。

人の善意を信じる

私たちの文化の中では皮肉が横行しています。次々と記録を更新するアスリートのドーピングが発覚したなどというニュースには慣れっこになっています。家族の大切さを訴える雄弁な政治家が買春で捕まったり、尊敬を集めていた地域の指導者が水増し請求をして捕まったりすることも珍しいとは思わなくなっています。人は、必ず偏りがあるものなのだと思うようになりました。

皮肉や嫌味はホームコメディやニュース番組の定番となっており、嫌味であればあるほどよいのです。テレビではそれはおもしろいかもしれませんが、実生活では悲惨なことになります。

皮肉がどうして出てくるのか、それは、私たちはいつも自分の動機に正直であるわけではないと自分でも知っているからかもしれません。私たちは、状況が自分に都合よく働くように話をすり替えることさえあります。そして、その人の最悪の姿を勝手に想定して決めつけるだけでなく、その人がすることの裏にある動機もすべて知っているかのような顔をしてしまうのです。

コリント人への手紙第一、一三章七節にはこうあります。「その人を愛しているなら、どんな代償を払ってもあなたはその人に忠実であるでしょう。あなたはいつもその人を信じ、その人の最善の姿を期待します。そしてその人を弁護するべく立ち続けるでしょう」(TLB)。

わかりますか。最悪の姿ではなく、いつも最善の姿を期待するのです。いつも裏にある動機を探そうとするのではなく、相手の善意を信じようとするなんて気持ちの良い対応です。休みを取ろうと思っていた日に同僚が会議を入れてきても、自分を困らせようとしてそうしたのだとは考えないようにしましょう。あなたが休みだとは知らなかった同僚は、出席できる日に変更してくれるかもしれないと考えましょう。また、友人があなたのことを批判していたといううわさを教会で聞いても、その人の最善の姿を想定して善意に解釈し、そのうわさが本当だと思うのではなく、真実が何かを見いだそうとしましょう。

その人の言動を善意に解釈することによって、相手の行動の動機を勝手に決めることから守られます。私の人生のモットーを教えてあげましょう。これは、その中の一番良いものです(文法は気にせず、要点を汲んでください)。「だれのことに関しても何も思い込まない。」これは人間関係の基本的な原則です。自分の動機だって定かではないのに、人の動機などわかるでしょうか。

C・S・ルイスの本に『悪魔の手紙』というのがあります。先輩の悪魔スクリューテープは新米の悪魔ワームウッドに、同居している母と息子を仲違いさせるにはどうしたらよいかを教えています。スクリューテープはワームウッドに、相手が自分をいら立たせようとしていると思い込ませることによって、お互いに相手がいら立つように振る舞うようそそのかします。

「二人の人間が長い間一緒に住むと、相手の声のトーンや顔の表情に、ほとんど耐え難くなる。」スクリューテープはこう言います。悪魔の仕事は、母はどんな習慣が息子をいら立たせるかを知りつつ、わざと行っていると思いこませることです。「自分が何をすべきかわかっていたら、息子はその思い込みが思い込みであるわけがないなんて決して思わないだろう。[*1]」

だれかが、あなたを困らせるためにわざと行っていると思い込んだり、「私のことを大切だと思っていないからそういうことをするのだ」と思い込んだりすることは、人間関係においても、喜びにとってもいつも危険です。

「喜んでいる心は良薬である」と箴言一七章二二節にあります（GW）。あなたが友だちに良薬をあげたいなら、その人には良い動機があるのだと信じてあげてください。その人の言葉を信じましょう。その人はあなたの最善の姿をも望んでいることを信じましょう。

そうすれば、彼らの心は喜びで満たされるでしょう。

偏見のない愛を提供する

あなたが自分に対して完璧であろうとする人なら、他の人を批判する人でもあるのではないでしょうか。この二つは一緒に起こりやすいのです。なぜなら、自分自身に満足していなければ、他の人のことも満足できていないからです。

人の不完全さを指摘しなければならない、と思っている人がいます。そうすることで、その人が感謝してくれるだろうと思うのです。「ありがとう！　今日やってしまった失敗について指摘してくれることを待っていたんです。」もっと悪いのは、だれかの不完全さを別の人に話してしまうことです。それは、うわさ話と裁きの罠に陥ってしまいます。

だれかを批判することとは、相手の不完全さや自分との相違点というよりも、自分が批判的であることによるところが大きいのです。人を批判している時、私たちはその人の良さ、またその人との関係の良いところを見逃してしまっています。その人の心に根付こうとしている、喜びの小さな種を踏みつけています。ローマ人への手紙二章一節にこうあります。「だれかを批判する時はいつも、あなたは自分で自分を断罪しています。お互い様なのです。人を裁く心で批判するのは、自分自身の犯罪や不品行が発見されないように逃げる方法です」（ザ・メッセージ）。

数年前、リックは私の横に座って、びっくりするようなことを言いました。「ケイ、きみはぼくのことなんて好きじゃないよね。」

私は言いました。「何ですって？　もちろん大好きよ！　好きじゃないってどういうこと？」

彼は言いました。「きみはいつもぼくのことをからかうよね。シャツがズボンから出ているとか、この色はあの色と合うとか合わないとか、とやかく言うし。髪が立ってると言っては、六歳の子にするように髪をなでつける。きみはぼくを子ども扱いするんだ。ぼくの意見を言ってもきみはいつも揚げ足を取るんだ。」

私の最初の反応は、「やめて、私はそんなことしない。そんなことやらないってば。」

すると彼は言いました。「いや、きみはぼくのこと愛してるのは知っているけど、好きかどうかはわからないね。」

私はその夜、主の前に出て祈りました。「神さま、助けてください。彼が言っていることは本当のような気がするんです。そうだとしたら、とても悲しいことだし、みっともないことです。」

主は、聖書からこんなイメージを思い出させてくれました。「互いに、かみつき合ったり、食い合ったりしているなら、互いの間で滅ぼされてしまいます」（ガラテヤ五・一五）。リックが紙で切り抜いた人形で、私がミズ・パックマン〔訳注・ゲームのキャラクター〕のように思えました。ミズ・パックマンはリックをめがけて進み、パクパクとかみつくのです。少しずつであっても、何度もかみつくのを繰り返せば、リックはボロボロになります。私たちの間にある愛を壊してしまうところだったのです。絶え間なくがつがつとかみつけば、私たちの喜びも殺してしまうことになります。

いつもからかってしまう人はいますか。何か大きなことを言っているのではありません。日ごろの些細なことです。ルカの福音書六章三七節にはこうあります。「人をからかったり、人の失敗に飛びついたり、人の欠点を批判したりするのはやめなさい。――自分も同じようにされたくないのなら。落ち込んでいる人を断罪してはなりません。そのような頑なさは自分に跳ね返って来るのです。人には優しくありなさい。生きるのがもっと楽になるとわかるでしょう」（ザ・メッセージ）。人に偏見のない愛を与えることができなければ喜びを殺してしまうことを、聖書はなんと明らかに語っていることでしょう。

あなたはこんなふうに思っているかもしれません。「私は彼女のあら探しをしちゃうの。だって彼女の欠点や弱さは私が直してあげられるんだもの。」過剰に批判的になり、裁こうとし、あら探しをすることで、相手を変えることができるなんてばかげているのに、私たちはいつもそうしています。こんなことは全く意味がありません。最近ラインホルド・ニーバーの有名な「ニーバーの祈り」について、このような気の利いた言い回しを目にしました。「神よ。私が変えることのできない人を受け入れる心の静けさを、また変えることのできる人を変える勇気を、そしてその、変えることのできる人は自分であることを知る知恵を与えてください。」

ピリピ人への手紙四章八節にはこうあります。「すべて正しいこと、称賛に値すること、つまり真実なこと、尊ぶべきこと、公正なこと、清いこと、好ましいこと、立派なことに心を留めなさい」（GW）。

もっとも身近な人のことを考えてみてください。その人はどれだけ価値があり、好ましく、すばらしいでしょうか。あなたはこう言うかもしれません。「九〇パーセントはね！ 残りの一〇パーセントが私を悩ませるの。」あるいは、「半々だわ。彼女の良いところを見つけるのは難しいからね。」

ピリピ人への手紙四章八節の言葉を適用しようとするなら、その人の人柄についてどんなところを強調する必要があるでしょうか。いらいらさせられるところ、未熟なところ、弱いところでしょうか。あるいは、すばらしいところ、賞賛に値するところ、褒められ、尊ばれるべきところですか。相手の否定的な面にばかり注目していては、良い関係を作ることはできません。

割合など問題ではありません。どこに注目しようとするかによって、良い関係を作ることができるかどうかが決まります。もしその人の正しいところ、良いところ、尊敬に値するところに注意を向けたら、私たちがもつすべての人間関係が一〇〇パーセント良くなることでしょう。もちろん、欠けがあり未熟な部分があり、変えられなければならない部分もあるでしょう。でも、まず相手の良いところに注意を向けなければ、その人との関係で喜びを味わうことはできないのです。

覚えておいてほしいのは、次の言葉ほど相手の心に喜びをもたらす言葉はないということです。「あなたはありのままでいいのよ。」

他の人の感情に共感する

こんなことを経験したことはありませんか。あなたが「ここ寒いわ！」と言ったら、だれかがこう言うのです。「寒くなんてないよ。」　または、あなたが「がっかりしちゃったわ」と言ったら、「おかしなこと言わないで！　そんなふうに感じるべきじゃないわ」。あなたはだれかに正してもらおうなんて思っていません。聞いてほしいのであり、少しの優しさを求めていただけです。

共感するのではなく、その感情を過小評価して、相手の「問題」を探ろうとしてしまうことがあります。動機さえ自分で知ることが難しいように、自分が何を感じているかも、いつもわかっているわけではありません。しかし私たちは、家族や親友のことになると、ドクター・フィル〔訳注・テレビのトークショーで人間関係についてコメントする心理学者〕になってしまい、彼らが考え感じていることを、あるいは、考えたり感じたりすべきことを教えようとしてしまうのです。

「心はその人自身のつらさを知っている。その喜びに他の人はあずかれない」（箴言一四・一〇、NLT）。神のみが、人が何を考え、感じているのかを知るのであって、私たちが知っていると思ったらそれは高慢なことです。それでは喜びは奪われてしまいます。

人にアドバイスを与えたり、行動を起こしたりする前に、その人に共感し、その感情に耳を傾ける必要があります。イエスは人々の悲しみや苦しみ、心の痛みに触れられました。聖書には、イエスの心は同情心でいっぱいであったことを頻繁に語っています。

ルカの福音書七章一一節から一七節で、イエスは一人息子を亡くしたやもめと出会います。彼女の嘆きは深く、将来の見通しも暗いものでした。なぜなら、やもめである彼女には今や年老いた自分を世話してくれる息子もいなくなり、一人ぼっちだったからです。他にも傷ついた人がいるといって、イエスはその人のそばを通り過ぎたかもしれないし、ただ遠くから手を一振りし、亡くなった息子を生き返らせることもできたでしょう。しかし一三節で、「イエスが彼女を見ると、彼は心を痛め、彼女にこう言いました。『泣かなくてもよい』」（ザ・メッセージ）とあります。彼女が感じていることを、イエスは感じました。彼女が嘆いている時に共に嘆きました。そして、それからイエスは亡くなった息子を生き返らせるという行動をとったのです。

「最後に、皆が一つ心になりなさい。互いに同情し合いなさい。兄弟姉妹として互いに愛し合いなさい。心を優しくし、謙遜な態度を身に付けなさい。」

（Ⅰペテロ三・八、ＮＬＴ）

神が知るようにはその人の心を知りえないと認めながら、相手の話を聞き、喜びも涙も共に味わう時、あなたはその人に愛を示しているのです。その人の感情を認める時、あなたはその人の心に喜びを回復させる手助けができます。認めるということは、だれかが言ったことやあなたが同意できないことを承認するという意味ではありません。あなたはそこに座って、こう考えているかもしれません。「こんなのバカげている！　私はそんな変なことを今まで聞いたことがない！」　でも、そのような言葉が口から最初に出てくるようではいけません。実際、思ったことをそのまま人に言ってしまうのなら、あなたに自分の感情を整理する助けを求めに来る人がどんどん少なくなっても驚いてはいけません。その人の中に喜びを養うのではなく喜びを奪ってしまう人として、あなたが評判になっているかもしれません。

認めるとは、ただこう言うことです。「なるほど、そうですね。そのように感じているのですね。」

相手の感情を、この自分の手や心の中に受け取れるなんて、なんとすばらしい贈り物でしょう。人々はみな、話を聴いてもらいたがっています。人々は、心を注ぎ出し、なおかつ裁かれず、おかしい人だとも、感じていることなど大したことないとも言われないことを願っています。サドルバック教会では、会衆は次の言葉を復唱することがあります。「私は傷んでいます。でも、それはおかしくはない。」　互いにこのような真理を確かめ合うことで、集まった人たちは安堵と安心を感じることができると思います。

セラピストの元に行くことの良い点は（私はこれまでたくさんのセラピーを受けてきましたし、それは大いにお薦めします）、だれかがただ聴いてくれる場所があるということです。たしかに、彼らはお金をもらって聴いているのですが、自分の不安、混乱、傷ついた心を吐き出せる相手がいてくれるのは安心します。

　話を聴いてほしい人、共感してほしいと思っている寂しい人が、非常にたくさんいます。「彼らの挑発によって私の心は折れ、面目を失い、無価値なものになりました。親しい友を探そうとしても見つかりません。一人もいません。私を泣かせてくれる肩を見つけることもできませんでした」（詩六九・二〇、ザ・メッセージ）。

　必要なセラピーを受けるためのお金は持っていないかもしれないし、持つ必要もないでしょう。ですから、互いに聞いてあげようではありませんか。ほんの短い時間でよいのですから互いの心を受け止め合い、互いの存在の大切さを認め合おうではありませんか。神が私たちに与えてくださる慰めをもって、互いに慰め合おうではありませんか（Ⅱコリント一・四〜八）。テイラー・カルドウエルは言いました。「人が真に必要としていること、人が最も必要としていることは、だれかがその人の話を聴いてくれることだ。患者としてではなく、人間として。[*2]」

　あなたは人の話を聴いていない、と言われたことはありませんか。そんなことはないと言うかもしれませんが、人からそう言われるのなら本当に聴いていないのかもしれません。こう自問してみてください。「私は人から見たらどんな人なのか。まわりの人は私をどんなふうに見ているのだろうか。まわりの人は私に対して、自分が感じていることをいちいち説明しないとわかってもらえない、と自己防衛したくなるように感じさせてしまっていないだろうか、それとも、私は人の感じていることに同情しているか。」今週、相手が裁かれているとか批判されていると感じることなく、心のうちを吐き出させることができるように試してみてください。ただ聴くのです。

エペソ人への手紙四章三二節にはこうあります。「人の役に立ち、助けになり、互いに親切にしなさい。心優しく（同情心、理解、愛の心を持ち）、互いに赦し合い（何時も自由に）キリストにあって神があなたを赦したように」（詳訳聖書）。

相手が何を考え、感じているかを知っていると思い込むことなく、また裁くことも批判することもなく共感をもって人の話を聴くなら、その人の心に喜びを加えることができるのです。

人の努力を認める

これに関しては、二つの言葉で要約することができます。つまり「Thank you（ありがとう）」です。この言葉がどれだけ人の心を喜びで満たすことができるかは驚くほどです。

人の心に喜びを育もうとしたら、その人がした奉仕を感謝し、成長し変わろうとした努力を感謝することで喜びを花咲かせることができます。

使徒パウロは感謝の心を表すことに長けていました。彼の書く手紙はどれも、個人的な挨拶や、どんな方法でも助けてくれた人々に対して、相手を肯定する言葉にあふれていました。「あなたのゆえに神に感謝します。」「あなたのことを思いだすたびに私の神に感謝しています。」「あなたが信じたその日から私を助けてくれたことを覚えています。」

パウロは感謝していましたが、私たちがこの分野で犯しやすいミスは、人に対して「あなたは私に借りがある」という態度で近づくことです。そのような意識から行動すれば、だれかがあなたに善意であげたすべてのものが、その借りを返す支払金のようになってしまいます。そしてこんなふうに思うようになってしまうでしょう。「なぜあなたにそのことを感謝しなくちゃいけないの？　それは当然のことだわ。」

プレゼントとして受け取ろうとしなければ、喜びはどこにも見いだすことができません。愛をもって受け取らないからです。相手はあなたがしてくれたことに対して、十分お返しすることなどできないという感覚をもってしまいます。借りはいつまでも借りのままになり、この関係は双方にとって得にもなりません。あなたは裏切られたと感じているし、相手も利用されたと感じるでしょう。喜びはそこにはありません。

人の心に喜びを育むもう一つの方法は、その人の中で起こっている霊的な、そして情緒的な成長に対する喜びを表現することです。残念なことに、相手が思うほど早く成長しないので、そのように喜びを表現する機会を逃してしまいがちです。彼女は成長しているとは言えないし、彼もなかなか学習しません。そして私たちはこう言います。「今の努力を認めるわけにはいかない。でないと、これ以上成長しなくていいと思ってしまう。これ以上がんばろうとしなくなるもの。」

孫のクレアはようやく笑い、言葉を発するようになりました。明日からしゃべるようになることを期待するなんて馬鹿げていますよね。クレアはそんなことはできないし、そうすべきではありません。彼女は今の年齢にふさわしいことをしているのです。私がベビーベッドのそばに何時間も立ち続け、「こんにちは、おばあちゃん」と言わせようとしてみても、その時にならなければそれは起こりません。情緒的に、霊的に人に「早く成長しなさい」とせき立てることは愚かなことです。成長はゆっくりで段階的なものです。クレアは、くうくういう声がかわいく、愛らしく、おばあちゃんはそれがとても好きだということを知るだけでよいのです。成長とともに、努力したことに対して熱意のこもった拍手をもらうごとに、もっと努力しようと思うことができるようになるのです。

繰り返しますが、使徒パウロは私たちのために模範を示してくれています。パウロは働きの中の多くの時間を、キリストにあって成長するように人々を励ますことに使っているようです。励まし、肯定、そして喝采の言葉を書いています。

「私もそこにいて……力強く成長して行く様子をこの目で見たいのです。」「母親が子を産むように、キリストがあなたがたの中に形作られまで私は産みの苦しみをしています。」「ですから兄弟姉妹、強くしっかり立ちなさい。」

パウロは時に父親のように、必要な時には正し、叱ることもあります。しかし、彼らの成長しようとする努力に対して感謝することをためらうようなことは決してありません。

パウロはただ単に、自分が受けた御父の忍耐と承認を、後に続く者たちに譲り与えているだけなのです。神は、あなたに変わり続け、成長し続けてほしいと願いながらも、今の努力に対して喜んでおられると確信していますか。もしそうなら、友だちや家族の遅々とした歩みにも忍耐できることでしょう。変わることはそれ自体、十分に難しいことです。励ましなくしては不可能にしか思えません。

あなたの周りの人たちは一生懸命に変わろうとしています。その努力に気づいてくれた人から拍手をもらえたら、それはもっとがんばろうと思えるような喜びを与えることになるでしょう。

変わることはできる

これまでの二章の中で、自分や人の中に喜びを育むものを妨げる事柄を見てきました。律法主義、心配、働きすぎ、完璧主義、皮肉、批判、自己中心、そして感謝をしないことです。それらがあなたの中にあるなら、喜びを味わうことはできないでしょう。

たしかに、自分が幸せと感じられ、人との関係を良くするように自分を少し変えることはできるかもしれません。しかし、そのような変化は必ずしも喜びをもたらすものとは限りません。喜びは、表面的な態度を改めることではなく、神に対する揺るぎない確信であり、神へのひそかな自信であり、どんな状況にあっても神をたたえるという決意です。喜びは人生を短期的ではなく長期的に見、常に先にある良いものを見ようとします。神が将来を支配しておられると確信する人だけが、同じように神は今他の人をも支配してくださるとゆだねることができます。最終的には神がすべてのことを正してくださると信じる人だけが、今忍耐をもって待つことができます。自分の魂の健康を恵み深い神の手にゆだねる人々は、来るべき日々を笑顔で待つことができるのです。

人への対応の仕方を変え、成長していくことについて、最後にひとこと言わせてください。本当のことを言えば、今は変わることに抵抗を感じている人がみなさんの中にいることでしょう。自分や人から喜びを奪ってしまう、間違ったやり方に気づいたのです。でも、神に自らを変えていただこうとするのではなく、自分に嘘を信じさせようとしています。「私はそういう人。これまでもそうだったし、みんなもそう思っている。私は変われない。ストレスを感じていると、人にどう対応するかを変えることなんてできない。私の過去を知っているでしょう？　ちょっと大目に見てよ。」

あなたの態度は、次の四つのうちの一つかそれ以上を組み合わせた問題があると思います。

1　あなたはこれまでの人生の中で深く傷ついてきました。その乱暴な言葉遣いや態度、行動は、傷つくことから自分を守ろうとしているためです。

2　これまで何度も変わろうとしてきたのに惨めなほど失敗してきました。だから変わることについて話すと、その絶望を思い出すのです。

3　あなたは怒っていて憎しみを感じており、神が不可能と思えるような要求をしてくることに対して反抗しています。

4　古い自分が新しい自分に変えられていくという変容がなされるために、キリストの愛があなたの心の土壌深くに入り込むのを、まだ許していません（Ⅰコリント五・七）。

神が鞭《むち》を振るえば人は変わると考えがちですが、実際に永続する変化が起こるのは、私たちが神のあわれみ深い心に引き寄せられ、抱きしめてもらう時です。ルカの福音書七章で、やもめの痛みにイエスの心が打たれたように、イエスの心があなたの苦しみをともに苦しんでくださるのです。神は、あなたに対する忠実な揺るぎない愛という文脈の中で、あなたが変えられるようにと招いています。もう恐れる必要はありません。真に変わることができます。あなたも私も喜びの人になり、自分の中にも愛する人の中にも喜びを育むことができるのです。

〜祈り〜

神さま、私は人を赦し、励まし、偏見のない愛で愛する人になりたいです。人の話を聴き、その人の最善を願い、人の動機を裁くことのない人になりたいのです。自然にはそうならないので助けが必要です。人の心に喜びを育めるよう私を通して働いてください。イエスさまの名によって祈ります。アーメン。

振り返りと適用

1　人の心から喜びを奪ったことがありますか。皮肉、批判、自己中心、感謝しないことの中でもっとも自分がやりがちなのはどれですか。

2　今週、喜びを注ぐ管となれるよう神に願いましょう。

パートⅣ　喜びは行動の選択から

日々喜びを選ぶ方法

あなたのカレンダーで、三月二十日は赤丸で囲まれていますか。もし囲まれていないなら囲んでください。その日は「国際幸福デー」なのです！　この日は、二〇一二年の国連総会で、ブータンの首相の提案に応答する形で始まりました。ブータンは、幸せは丸一日をあてて祝う価値があると考えたのです。そして、それがどう発展するかおわかりでしょう。まずその日を特別な日と決めると、だれかがこう言い出します。「どの国が最も幸せなのか調べてみるべきじゃないか？」そして調査が依頼され、百五十六か国のランキングの年間レポートが発表されました。もちろん、専門家は幸せを計るためにどのような指標にするべきかについて、一日中議論を交わすこともできますが、六つの幸福の要素に焦点を当てられました。収入、自由、信頼、健康寿命、社会的支援、そして寛容さです。[*1]

二〇一九年の世界幸福度の報告によれば、アメリカ人はあまり幸せな国民ではないようです。そればかりか、どんどん不幸になっています。アメリカ合衆国は十九位でしたが、二〇一八年からはランクを一つ下げており、二〇一七年からは五位下げているのです。

それについて、ＣＮＮはこのように述べています。「アメリカ合衆国は、収入についてはトップテンに入っているは十位につけたものの、国連の報告書にある他の要素においてはトップテンに入っているものはない。寛容さでは十二位、社会的支援では三十七位、自由さは六十一位、そして腐敗では四十二位となっている。[*2]」

SDSN（持続可能な開発ソリューション・ネットワーク）のレポートの共著者であり、ディレクターでもあるジェフリー・サックス氏は、依存症にその原因の一端があると述べています。「今年の報告によると、アメリカでは依存症がいかに大きな不幸と絶望感をもたらしているかという、残念な証拠があります。」報道発表で彼は言いました。「依存症はさまざまな形に現れます。薬物濫用からギャンブル、デジタルメディアといったようにです。薬物の濫用に対する衝動性や依存的行動は深刻な不幸をもたらしています。*3」

こんな「幸福感」レポートを聞くと希望を失いそうになります。実際、悪いニュースがないという日はありません。普通の人はどのようにして人生に意味や価値、喜びを見いだしているのでしょう？　これまで見てきたあらゆる原則や聖書のことば、考え方を、理論から実践にどう変えていけるのでしょう？　私たちが何を行うかという選択と喜びを味わうことには、どんな関係があるのでしょう？　このセクションでは、日々の生活の中で、周囲で何が起こっていようとも喜びを選ぶにはどうしたらいいかを考えていきます。

9　基本に帰る

あなたは私の内側も外側も知っておられます。
私のからだの、すべての骨をご存じです。
私が少しずつ、どのように造られたかもよくご存じです。
何もないものから有るものへと形づくられたことも。

詩篇一三九篇一五～一六節（ザ・メッセージ）

私たちは自分の痛みを抱きしめて、悲しみで（自分の中に）神殿を作ることもできるし、それらを賛美のいけにえとして神にささげることもできる。その選択は自分自身にあるのだ。

リチャード・エクスレイ

イエスは喜びの人であり、同時に悲しみの人でもありました。イエスの人生は、私たちは自分のために喜びの人生を求めてもいいことを教えてくれます。また、真理が少しずつ私たちを変えていくにつれて、喜びが心の確信となり、試みにあった時にふさわしい応答ができるように取り組むにつれて、喜びが心の態度となっていくことがわかります。

いよいよそれを行う時が来ました。あなたはこの本を読んで、こんなふうに考えているのではないでしょうか。「たしかに、それは大事な点だ。いつかそうなれるかもね。」それとも、神のことばを行う人になり、理論から実践に進んでいきますか。思い出してください、喜びとは幸せな感覚ではありません。それは、神についての揺るぎない確信であり、神へのひそかな自信であり、すべてのことにおいて神をたたえる決意です。それは、日々の生活にある浮き沈みや些細なことまで、何度も繰り返し喜びを選ぶということです。そして、それは基本に帰るところから始まります。

最も大切なこと――自分をケアすること

すでに触れたように優先順位について、また与えられた時間をどう使うのかについて多く話題にしました。正直に言うと、私は「優先順位」と「罪悪感」という言葉はほぼ同じ意味で使われていると思います。実際、私たちが好きな（同時にうんざりする）ことに、生活の優先順位を作るというのがあります。神、家族、仕事、友だち、ミニストリー、趣味などです。そして、それぞれの分野において自分たちがいかにお粗末な仕事しかしていないかをくよくよ考えて、自らを痛めつけているのです！　どうしてこんなことをするのでしょう？　これは実用的ではないし、不健全ですし、全く何の役にも立ちません。

　このリストの中の、あるものは他のものよりも重要なものかもしれません。でも、優先順位のトップに入るものは、あなたの優先順位リストの中にさえ入っていないと思います。教会で育った人たちにとっては、それは非常に自己中心で全く聖書的ではないと思うかもしれません。でも皆さん、あなたの優先順位のトップにあるのは「自分」でなければいけません。あなたは大切なのです。あなたの考え方は大切です。あなたの意見は大切です。あなたの痛みや傷は大切です。あなたの夢や目標は大切です。あなたは神にとってとても大切です。あなたは家族にとって大切です。このことを理解すれば、キリストにあって自分がだれであるか、また成長しなければならないのはどんなところかに焦点を合わせることができます。そしてまもなく、自分は大切であるという真理が、喜びの土台となることでしょう。

　自分自身を大切にするということ、つまり肉体、魂、霊を養うことは、日々喜びを選ぶための重要な「カギ」かもしれません。基本に戻るために、まず自分の生活を簡素化しましょう。私は家の整理や生活管理に関する本を読むのが好きです。でも、人生を簡素化する必要があるとは、そのような意味ではありません。クローゼットを片付けたり、車の中を片付けたり、ガラクタを始末することではありません。また、もっとより良い活動ができるように、スケジュールから活動を減らしていくことでもありません。簡素化するとは、あなた自身がだれであるか、肉体的に情緒的にそして霊的にどんな人になるかに目を向け、あなた自身が生き生きとし、喜びを受ける準備と与える準備ができるようになることです。

私たちは数々の活動に関わっています。関わりすぎているかもしれません。五年後にはさほど大切だと思えないようなことに関わっているなら、自分のための時間が残っているとは言えません。自分の肉体や情緒や霊性を養うための時間もないでしょう。自分のことを養うことがなければ、私たちのうちに燃えている小さな火、つまり朝に起こし、世の中へと押し出してくれる熱意や情熱の火は消え始めます。そんな冷えたところから喜びを味わうなんて、非常に難しいでしょう。他の人の心に喜びを育むこともかなり難しいです。なぜなら、私たちの内なる火が消えているからです。魂は不毛で荒廃し、渇いてしまいます。

まだピンとこないなら、ここで秘密を教えてあげましょう。だれもあなたの世話はしてくれません。これは皮肉で言っているのではありません。配偶者や親、子どもを非難しているのではありません。私が言いたいのは、一日の終わりに、次に見ようとしている三つのことは、だれもやってくれないしだれもできないということです。そういうわけで、私はこれをモットーにして生きています――コントロールできることをコントロールし、コントロールできないことを神にゆだねる。毎日、実にさまざまな事柄が人生に入り込んできます。あることは自分のコントロールの範囲にありますが、多くのものはそうではありません。あなたも私も自分がコントロールできることをコントロールし、残りは神の主権にゆだねるという責任を受け入れなければなりません。私は次の三つの面をコントロールすることに決めました。そうして自分自身を養うのです。

肉体的な面

リックと私は最近UCLAの脳外科医を訪れました。その医師は数年前に、愛する義理の娘ジェイミーの手術をした先生です。ホールで話をしている時に私たちは、「ダニエル・プラン」について話しました。ダニエル・プランとは、食事を正しくし肉体的に健康でいるのを助けるために教会で始めた考えた一年間のプログラムです（これについてはウェブサイトでもっと知ることができます。www.danielplan.com）。先生はとても興奮していました。「今病院にいる人たちの八〇パーセントの人が、生活習慣のせいで入院していると知っていますか。もしクリスチャンたちが自分の生活習慣に責任をとるようになったら、この国の健康状態を劇的に良くすることができると思いますよ。」

八〇パーセント、これは驚異的です。病院は、栄養も健康維持も考えずに糖尿病になったり、心臓病、高血圧、高コレステロールになってしまったあなたや私のような人たちであふれています。

これはとても慎重に取り扱うべき問題だと思いますが、徹底的に調べる価値があります。自分のからだに関する選択は、神と歩む人生においては枝葉の問題ではありません。パウロはコリント人への手紙第一、六章一九節から二〇節の中でこう言っています。

「あるいは、あなたのからだは聖なる場所、つまり聖霊の宿る場所だということを知らなかったのですか。神がこれほど高い値を払ってくださったことを無駄にして、自分の好きなように生きることはできないということがわからないのですか。あなたの肉体はあなたの霊の一部分にすぎないというのは間違っています。あなたの肉も霊もすべては神のものです。ですから人々があなたの中に、またあなたのからだを通して神を見ることができるようにしなさい。」　（ザ・メッセージ）

あなたの肉体を通してしか他の人間と会話し、神の恵みを伝えることはできません。ですから、もし私たちのからだがボロボロだったら、つまり疲れ、弱く、体力がなかったら、そして自分自身を大切にせずに無理をしていたら、神が私たちを通してなさろうとしておられることを妨げていることになります。

このような結論に至るまでには時間がかかったのですが、口に何を入れるかは自分が完全にコントロールできるということを発見しました。だれも私に無理やり食べさせることはできません。私は、自分が食べると決めたものを食べます。ただ、働き過ぎる右腕に問題があるのです（あなたもそうかもしれませんね）。私の働き過ぎる右腕は、常に口に物を投げ入れます。でも、これも私の責任です。だれのせいにもできません。遺伝子のせいにもできません。私は、口の中に常に食べ物を運ぶ自分の腕以外に、だれも非難することはできません。

どんな研究を見ても、活動的な人は生活習慣病になりにくいようです。テレビ番組の司会者メフメト・オズ博士でさえも、アンチエイジングの秘訣は、身体が弱らないようにできることは何でもやることだと言っています。[*1]余計な体重を落とし、骨や筋肉の老化を止めるには、一日三十分何らかの運動をするだけでよいのです。

もちろんこれは一般論であり、この話題に関しては何千冊もの本やウェブサイトやさまざまなリソースがあり、健康や運動方法について詳しく書かれています。私は遺伝的な病気や事故によってもたらされた健康的な問題、あるいは原因不明の健康の問題に、無頓着なわけではありません。ここで話しているのは、何を食べるか、どれだけ運動するか、どれだけ眠るか、自分で健康状態を維持できるのに、それを選択していない人たちのことを言っているのです。

体を管理することは、自分で学ぶことができます。それによって、神が私たちに願っていることを成し遂げることに、喜びを見いだすことができるのです。

情緒的な面

私たちはみな、家族や友だち、自分で自分の身に招いた出来事、また自分の手の及ばないところで起きた事柄によって傷を受けています。ある出来事によっては今もなお傷つき、打ちひしがれ、痛んでいます。でも日々喜びを味わうために、私たちは傷を受けたにもかかわらず情緒的に強く、健全であるかどうかについて責任を負う必要があります。私のモットーを思い出してください――コントロールできることをコントロールし、コントロールできないことを神にゆだねる。

傷つくことがどういうことなのか、私は知っています。あるものは傷跡を残すくらいで癒やされていません。でも、傷を負ったその日と同じくらい、今でも生々しく痛むものもあります。では、私はそれをどうするのでしょう。弱音を吐くのは簡単です。変化をもたらし、癒やしの道を探るには勇気が必要です。

私たちの傷ついた部分は、手当され、慰め、また優しく、かつしっかりと情緒の健康まで導いてくれる賢い人の助言が必要です。結婚したての頃、衝突、違い、そして過去の傷が二人の関係を脅かしていた時、リックと私は、夫婦関係を立て直すためにプロのカウンセリングの助けが必要だという結論に達しました。当時、まだ大学生だった私たちにはカウンセリング料を払うことはできませんでしたが、なんとか方法を見つけました。結婚してからこれまで、このような決断を何度もしてきましたし、私たちの情緒的な健康のために尽力してくれた敬虔なプロの方々から学んできたことに心から感謝しています。

行き詰った時に助けを求めるのを避けてはいけません。クリスチャンの十二ステップのプログラムであるセレブレイト・リカバリー〔訳注・サドルバック教会で始まった回復のミニストリー。心の傷、悪習慣など人生の諸問題を「教会」という環境の中で取り扱い、回復させていくプログラム〕で、私たちはこう言います。「自分で治すことができていれば治していた、でもそうできなかったのだから、自分では治せないだろう。」あなたは私たちのように、プロのカウンセリングが必要かもしれません。もちろんお金はかかりますが、所得に合わせてサービスしてくれているところも多くあります。アメリカのほとんどの教会には、カウンセリングのサービスをしてくれるところもありますし、大きな教会だと訓練を受けた信徒カウンセラーが無料でカウンセリングを提供してくれるところもあります。世界中の何千もの教会が、セレブレイトリカバリー（www.celebraterecovery.jp）のプログラムを提供しています。

情緒的な痛みや傷が解決されないままだと、日々喜びを選ぶことはとても難しくなります。でも、覚えていてください。結局は、自分の情緒の癒やしと回復のために何をするかは、自分自身で選択しなければならないのです。

もっと身近なことで考えてみましょう。自分自身が活き活きすることとして、どんなことをしますか。私にはピアノを弾くことが内面を養ってくれます。ピアノが上手いわけではありませんが、ピアノを弾くと言葉にはできないこと、どう言葉にしてよいかわからないことを表現することができるのです。ピアノを弾くことで、心の奥深くにある感情や情緒に入り込むことができ、自分の感情を開放する何か美しいものを作り出してくれるのです。

私たちはみな表現を編み出し、解放するためのはけ口が必要です。あなたにとっては、ガレージを完璧な「自分専用スペース」に変えることかもしれないし、料理や園芸のクラスをとることかもしれません。針仕事、スポーツ、エクササイズをするこかもしれません。そのような自らが編み出したはけ口は、良いだけでなく、情緒の健康には必要なことなのです。

若いママやパパたちは、こう叫んでいるかもしれません。「はいはい、十年後にはね！　赤ん坊と一晩中起きている必要がなくなったら、それか子どもの宿題を見ていなくてよくなったらね！」　わかります。本当に！　疲れるけど楽しいその頃のことは、はっきりと覚えています。思い出せなくても、今わが子が同じことをしているのを見ています。あなたの内面を養うように勧めているのは励ますためであって、失望させるためではありません。何も大がかりなことをする必要はありません。自分を大切にできる何か小さいことを選んでください。本の一章分を読むとか、励みになる（また高めてくれる）オンラインのコミュニティを訪問してみるとか、夕暮れに犬を散歩させる、新しいレシピを試してみるなど、気分転換できることをやってみてください。でも、二つのことを覚えておいてください。まず、あなたが大切だということ。そして、コントロールできることをコントロールすることです。コントロールできないことに対して、神は私に責任を負わせようとはしていません。

そして、人生のどんな季節にある人でも、私たちみなが、自分の情緒的な健康を保っためには、何か創造的なことをすることが一つの重要な方法だと言えます。いのちの息を吹き込むことによって、霊を養うのです。

霊的な面

あなたは今、あなた自身が神に近づきたいと願った分だけ神の近くにいるし、私も、神に近づきたいと願った分だけ神の近くにいます。聖書は、神は決して私たちを見棄てず、見放さないと保証しています。神は決してあなたを見棄てず、どこかへ行ってしまうことはありません。ですから、もし神との歩みの中に距離を感じているなら、それは神が離れて行ったからではありません。神はあちこちに行ったりしないのです。聖書は明かに語っています。神のあなたに対する愛も情熱も、なくなったりはしません。あなたのほうが距離を作ってしまっているのです。神との親しい関係に戻りたいなら、神と近く感じられるところに戻っていけるかどうかは、あなたの肩にかかっています。

自分が何を食べるかに注意し、もっと運動することを選ぶよりも、自分のお腹周りに肉がつきやすいのを遺伝子のせいにするほうが簡単なのと同じように、また、霊的に成熟した人たちに賢いアドバイスや導きを求めていくよりも、自分の情緒的未熟さを人間関係からくる傷のせいにするほうが簡単なように、神との関係を近くするために自分が知っていることをすることよりも、神から離れ、それを神のせいにしてしまうほうが簡単です。でも本当は多くの場合、私たちはコントロールできることなのにコントロールするのが嫌なのです。なぜなら、そうすると自分に課せられた責任がますます重くなるので、正直なところ面倒なのです。

自分以外のだれも、朝起きて神との時間を持つかどうかを決めてはくれません。どれだけ祈るのかを決めてはくれません。リックはやってくれません。彼に頼むこともできません。私の代わりに信仰をもってくれとも頼めません。私の代わりに、自分自身を神に明け渡してほしいなんて頼めません。私がやらなければならないのです。あなたがやらなければならないのです。

神と親しくなりたいと願い、関係が深まり成熟していくことを願うなら、私たちは自分の霊的生活の手綱を取り、神に明け渡して「はい」と言い、信頼し、みことばを実行する決心をしなければなりません。自分以外の人はそれをすることはできません。

ですから、もっとたくさんのことができるようにと、生活を間違って簡素化しようとしないでください。そうではなく、大切なことに集中できるように簡素化してください。大切なことというのは、あなた自身のことです。生活を簡素化するとは、あなたが肉体的に、情緒的に、霊的にどんな人であるかに集中することです。日々喜びを選ぶためには、そこからスタートするのです。

自分自身を知る――喜びの助言者《メンター》を探す

あなたも私も、新しい習慣を根づかせようとしています。私たちは人生に対して、悲しみではなく喜びで応答したいのです。ですから、もうすでにそれを実践し、その新しい習慣を根づかせるのを助けてくれるような人の近くにいる必要があります。

『あなたがずっと求めていた人生――真の霊的変容へのロードマップ』（中村佐知訳、地引網出版、二〇一四年）を書いたジョン・オートバーグは、私たちがこの喜びの道を少し先に歩んでいる、喜びの助言者《メンター》を見つけることを勧めています。喜びにあふれた人を見つけ、できるだけ近くに寄るのです。その人をよく観察します。質問をしましょう。どのようにして、喜びをもって人生に向き合えるようになれたのかを発見しましょう。すばらしい人格を持つ人のことを言っているのではありません。人生のアップダウンを通して、神について、また神の善について深く揺るぎない確信をもち、最後にはすべてが大丈夫だと信じ、すべてのことについて、いつも神をほめたたえる態度をもつ人のことです。

成熟した喜びの助言者《メンター》をロールモデルとして持つことが、私たちみなに必要です。でも、ここで、最もかわいらしい喜びの助言者《メンター》について教えてあげましょう。それは、子どもたちです。幼い子どもたちほど、ユーモアのセンスをもっている存在はいません。だれでもです。彼らはいつも笑っているでしょう！　あなたが頭をぶつけたら、子どもたちは笑います。変な音を出すと笑います。変顔をすると笑います。「もう一回！」と言ってきます。そして、こっちが疲れ切るまで何度もやってと頼んできます。反対に、あなたが子どもたちがやっていることを見て笑う時には、今やろうとしていた雑用のことなど忘れてしまってください。子どもたちは上機嫌で同じことを繰り返し、あなたたちに対して笑ったように、自分たちを見てあなたが笑ってくれることを常に期待するのです。

小さい子どもたちは、喜び製造機です。彼らはまだ悲惨で厳しいこの世の現実を経験していないので、理由がなくても笑えるのです。大笑いできるのです。笑いながら口から食べ物が飛び散ろうが、恥ずかしくなんてありません。椅子から笑い転げ落ちるのも平気です。床を転がりながら笑うでしょう。この地球上で最もか弱い子どもたちさえ、笑うことを知っています。子どもたちは、大胆で奔放な喜びの、最も純粋な姿を見せてくれるのです。

周りに子どもはいないし、いても近くには住んでいないかもしれません。それではどうやって、この小さな喜びの助言者《メンター》に会うことができるでしょう？　教会の子どもへのミニストリーや、子どものレクリエーションプログラムのボランティアができるかもしれません。近所の子どもと過ごしてください。レストランで楽しそうな音をたてている子どもにほほ笑みかけてみてください。子どもがうるさくしていると、たいてい私たちは顔をしかめてしまい、彼らから喜びを奪ってしまうことがあります。そのようなことはしないでください。喜びは瞬く間に消えてしまうものだからです。小さな子どもが持っている喜びを楽しんでください。彼らは自分たちが喜びにあふれる者として造られていることを、まだ覚えているからです。

喜びにあふれた人の近くに意識して居ることについて、もう一言。人は善きにつけ悪しきにつけ、一緒に時間を過ごす人に似てくるものです。親ならそのことを知っているでしょう。ですから、コリント人への手紙第一、一五章三三節の「悪い友は良い習慣をこわす」（NCV）を子どもが小さいうちから暗唱させるのです。

もし、冷酷で批判的で落ち込んでいる人といつも一緒にいたら、そういう態度を自分も持つようになります。そうなってしまうのです。ふさぎ込んでいる人と生活している人は、その人自身も鬱の兆候を見せるようになるという研究結果があります。もちろん、落ち込みはインフルエンザのように伝染性はありません。でもそれは、情緒的なウイルスのようなもので、それにり患している人だけでなくその人の近くにいる人の回復力も弱めてしまいます。

落ち込んでいる人の近くにいたら、その人を避けるようにと言っているのではありません。ただ、自分の喜びが増していくために、そのような人々との関係と喜びにあふれた人との関係とのバランスを取るようにと言っているのです。

喜びを保護するために——些細なことにとらわれない

何か大きな出来事だけが喜びを奪うのではなく、何百もの小さなイラつきや、ちょっとがっかりしたこと、嫌な誤解などが一日のうちに積もり積もって気分を損ねてしまいます。思い煩いや完璧主義、皮肉、恵み、赦し、共感についてよく理解していたとしても、自分の応答の仕方に警戒し、自分の選択に注意していないと、喜びが消えていくには数えきれないほど多くの方法があります。

たとえば私の職場は、オフィスのあるビル群の駐車場を見渡せる一階の窓に面しています。どのビルも、その面積に応じて駐車スペースが割り当てられています。職場の隣のビルには人気のあるクリニックが入っているのですが、そこで働く人は患者が近くに駐車できるように、ビルから離れたところに駐車するように言われているようです。しかし、角を曲がったところにある空いている駐車場ではなく、そこの従業員は私のビルの前に車を停めているのです。しかも、彼らが私たちのスペースや出入り口の真ん前に車を停めているのを、職場の窓から何年もの間毎日見てきました。そのことはそれほど気にしていなかったのですが、ある日車に乗り込もうとした時、隣のビルの従業員が、私のオフィスでのミーティングに参加する人が自分たちの駐車スペースに車を停めていることに苦情を言い始めたのです。イエス・キリストを代表する者として自分の役割をよく考えて、私は言葉を控えて丁寧に言いました。「不便をかけてごめんなさい。できるだけ乗り合わせて来るように言っておくわ。」

はたから見れば私は落ち着いて、親切で、真摯な対応をしていました。でも、内側では怒りとうらみで煮えくり返り、その不当な苦情に対して皮肉な答えをたんまり言ってやりたい気持ちでいっぱいでした。こんなふうに言わないよう、なんとか自分を抑えました。「ああ、わかりました。あなたのところの従業員が、毎日私のスペースに駐車するのはいいけれど、だれかがあなたの駐車スペースに時々駐車したら、それだけでイライラするわけ？　それってちょっと偽善的じゃない？」

その時から、目の前で行われているこの駐車スペースの不公平さが、猛烈に気になるようになりました。隣のオフィスの従業員が私の駐車スペースに車を停めるのを見ると頭にくるし、血圧が上がります。それまで気づかなかったことさえ、見えるようになりました。毎朝文句を言い、怒って、自分にぶつぶつ言っていました。そして時には、彼らのひどく失礼なかつ不公平な行動を、従業員を引き込んで一緒にその様子を見、同情を誘いました。

　最終的に自らを戒めるまでの間に、この小さい問題にどれだけ時間と情緒的エネルギーを費やしてしまったかには、恥ずかしさを覚えます。私は自分にこう思い出させました。人生の全体を見ると、この人たちが駐車のルールを守るかどうかはそんなに重要な問題ではなく、イライラしたり、怒ったり、苦々しい思いになったり、自分が味わうことのできる喜びを失うほどの価値のある物ではないのです。彼らのことをコントロールできないのですから、自分のことをコントロールしなければならなかったのです。

　職場の隣人たちにいつも好感を持つことはできませんが、私が喜びを保つ方法は簡単です。窓のブラインドを降ろせばよいのです！　そうすれば、喜びを奪われるかねない状況によって、私の注意がそがれることはありません。

　こんなことはかなり子どもっぽいし、未熟だと思われるでしょうし、実際そうです。皆さんも、私が成熟しておらず、こんな些細なことをちゃんと扱えないことにうんざりして白けてしまったかもしれません。これはまさに、「小さいことにくよくよするな」と成熟した態度で受け止めるような状況です。

でもしあなたが正直なら、自分にも、何度も喜びが奪われてしまうような些細なことがあると認められるでしょう。私たちはお互いを裁き合ってしまうのです。なぜなら、私にとってイライラすることがあなたを動揺させるわけではないし、あなたが頭にくることが、私には何でもないことかもしれないからです。でも、私たちには皆弱点があり、心の奥に情緒的な問題や心配事があると、物事に激しく反応してしまうことがあります。つまりそれは「喜び泥棒」で、それほど大切ではないことに心を奪わせ、喜びの感覚を奪ってしまうのです。

今、自分の生活をふりかえって、心の中を見つめ、喜びを奪ってしまう厄介な泥棒が潜んでいないか調べてみませんか。喜びを奪われてしまいそうな小さいことが見つかったら、問うべき大切な問いはこれです――そのことをどうやって解決したいですか。本書を通して言っているように、結局は喜びを味わえるかどうかはあなた次第なのです。あらゆる状況の中で、自分がどうしたいかにかかっているのです。

選択という賜物

喜びを毎日選ぶことができるなんて、神はなんという賜物を与えてくださったのでしょう。スイスの精神分析医であるポール・トゥルニエは、こう言っています。「神が与えてくださっている賜物の中でもっとも強力なものであるのに使われていないのは、選ぶことだ。」[*2] この引用の中で大切なのは、「使われていない」という言葉です。多くの人は人生に選択なんてないと考え、そのかわりみじめな人生を楽しむほうを好んでいます。だれかにこんなことを言われたら気分を害するでしょう。でも、鏡に映った冷たく険しい顔が真実を映しています。あなたが相続すべく与えられている喜び、それを自分のものとするために、選択するという賜物を使う準備はできていますか。私はできています。

～祈り～

お父さま、人生の喜びを選ぶのは、自分次第だとわかりました。それは、私が生まれながらに与えられている権利だからです。私がコントロールできることとできないことを知る知恵を与えてください。自分を肉体的、情緒的、霊的にケアするのを助けてください。またあなたが私の人生の中で行っておられることを見極める、新しい目を与えてください。私は目を覚ましていたいのです。いつも感謝していたいのです。そして、人生を楽しむとは、あなたご自身を楽しむことの一部であるようにと祈ります。日々あなたをたたえる新しい方法を見つけることができますように。イエスさまの名によって、アーメン。

振り返りと適用

1　人生の中で自分をコントロールできる三つのことを書き出してみましょう。そして、それらをコントロールすることに決めましょう。次に、コントロールできない三つのことを書き出し、それらを神の御手にゆだねましょう。

2　人生の楽しい面を見つけるのが得意な人はいませんか。その人と今週会う約束をしましょう。

10　愛し合い、笑い合う

私は彼らの嘆きを笑いに変え、
慰めをあふれるようにし、嘆きのただ中に喜びを入り込ませる。
エレミヤ書三一章一三節（ザ・メッセージ）

躊躇《ちゅうちょ》せずに愛し、より深く愛しなさい。より深く愛するとき、あなたの心の底がどんどん破られていくでしょう。でもその心が生み出す豊かな実をあなたは喜ぶでしょう。

ヘンリー・ナウエン

私が好きな、ちょっと後ろめたい時間の過ごし方は、スーパーのレジに並んでいる間、週刊誌や新聞の変な見出しを片っ端から読むことです。「政府はあなたの町のとある場所にエイリアンをかくまっている」とか。でも、そんな変なストーリーの中にも、人間関係が幸せの鍵だと教えてくれるお話もあります。それは言い直せばこうなります。「人間関係こそが、私たちが喜びを与え合える最善の場所です。」他の人に自分を幸福にしてくれるよう頼ることはできませんが、笑い、愛、喜び、希望をその人の中に見つけようとすることはできます。私たちに必要なのは、喜びが簡単になくならないようにするためには、人間関係にちょっとした工夫をすることです。

神の良い賜物——喜びの再発見

アメリカ人は、健康、富、幸福をむきになって追求し、快楽を強調する国民として知られていますが、もともとそうであったわけではありません。

数百年前、ピューリタンたちは、英国国教会に浸透しはじめていた不節制、腐敗、政治の影響に対して闘いました。水掛け論が続いた後、彼らは英国で失墜してしまいます。その後、アメリカ大陸に移民し、東部の植民地に住み、ピルグリムとして知られるようになりました。懸命に働くこと、正直さ、宗教の自由に大きな強調点を置くとともに、ピルグリムは厳しい自己訓練、聖書の道徳観に厳格に従うことを教えました。道徳的清さを保つよう努める中で、彼らは、自分たちと罪に誘惑する物との間に「柵」を立てました。喜び、幸せ、楽しみ、笑い、微笑むことにさえも疑惑の目を向けました。喜びは不節制につながり、不節制は罪につながり、罪は滅びと破壊につながりえます。

このようにして、大覚醒の時代が始まりました。クリスチャンはわずかでも喜びと思われるようなことは何でも避けるようになったのです。このことは、クリスチャンが肉体や感覚というものをどう見るかに大きな影響を与えました。

制御できない快楽は破壊的な傷となり、習慣となり、悩みの種になりかねませんが、無意識にそれを恐れたり避けたりする理由はありません。快楽は事実、神から来ているのだからです。

テモテへの手紙第一、六章一七節で、私たちは「私たちにすべてのものを豊かに与えて楽しませてくださる神に」希望を神に置くように言われています。楽しみと快楽は同義語です。この節はこうも読めます。「私たちの快楽のためにすべてを豊かに与えてくださる神に望みを置きなさい。」

感覚への哲学的アプローチには少なくても四つあります。(1)否定する。これは仏教の教えの中で教えられています。(2)抑圧する。これは無神論。(3)浸る。これは快楽主義。(4)楽しむ。これは聖書的なアプローチです。

神は私たちに五感を与えてくださいました。神が視覚を与えたのは、ただ単に物にぶつからないようにするためだけではありません。また、冷蔵庫からのひどい悪臭を避けるために嗅覚を与えたのではありません。また、電子レンジで作ったポップコーンで火傷しないように触覚を与えてはいません。痛みを回避するためだけに感覚を与えてくださったのではなく、喜びを味わうために与えてくださっています。私たちの感覚は、壊れた世の中に住む痛みを和らげ、喜びへの扉を文字どおり開けてくれるのです。

数年前、開店したばかりのエステでマッサージを受けられるギフト券をもらいました。初めてのことなので、とても楽しみにしていました。マッサージを待つ間、ナッツやドライフルーツが出され、キュウリが浮かべられている冷たい水のディスペンサーが置いてあり、とても美味しそうに見えました。マッサージ師に連れて行かれた部屋は薄暗く、ろうそくの火が魅力的に光を揺らしていました。ベッドの上のシーツは肌にしっとり柔らかく、マッサージ師の力強い手が、ユーカリとラベンダーの香りのするオイルを私の凝った背中にもみ込んでいきました。優しいメロディーが流れ、よりリラックスさせてくれました。視覚、触覚、味覚、聴覚すべてが携わっていました。六十分の間、外の世界は私から一切消えていました。私が感じていたのは、解放、休養、喜びで、それは感覚を楽しむことから来ていました。

いつでもエステでのマッサージを楽しむことはできませんが、神は毎日喜びを味わうように招いてくださっています。

今週一度、運動のためではなく楽しむために近所を歩いてみてください。太陽の光の下に少し立ち止まってみてください。目を閉じて、温かい日差しが肌を通してしみ込んでくるのを感じてください。近くの公園で靴を脱いで、芝生が足をくすぐるのを感じてみてください。

何か美味しいものを口にし、飲み込む前に口の中で味わってみてください。何がこんなに美味しくしてくれるのか探ってみたり、歯ざわりを、味を、そして香りを楽しんでみたりしてください。

寝る前に外を散歩し、夜の様子を観察し、耳を傾け、感じてみてください。夜空の威厳を見つめ、夜風に吹かれ、夜の音に耳をそばだててみてください。

ベッドに入ったら、シーツの感覚を感じ、ブランケットの柔らかさに指をすべらせ、洗剤の良い香りを嗅いでみましょう。枕に顔をうずめ、その気持ち良い形からくる心地よさを楽しみましょう。

快さを再発見する時に感じられる良い感覚は、喜びというより幸福感に似ています。確かに快さは一時的なものではありますが、すべての良い賜物を与えてくださる方へと意識的に心を向けることを選ぶ時、幸福感は喜びとなるのです。

感情を派手に表現する

まだ子どもが小さいころ、彼らが家に帰って来たら私は何をやっていても必ず立ち上がって、肌を触れ合って迎えるようにしていました。娘のエイミーにはハグやキス、息子のジョシュやマシューが大きくなった時にはママからのハグはあまり歓迎されないので、肩にポンと手を置いてあげました。身体に触れるのは「愛してるよ」と伝える表現の一つです。人間関係においてスキンシップの重要性は過小評価することはできません。

コリント人への手紙第一、一三章一三節では「派手に愛しなさい」（ザ・メッセージ）と言われています。あなたは派手なくらいスキンシップをして、愛を表現していますか。自分を愛してくれるはずの人が、実際にはどれくらい愛しているのかを確かめながら、私たちは少しずつ愛を与えようとしているのではないでしょうか。もし相手が私を深く愛してくれているなら、私はその人を喜んで派手に愛するでしょう。もしあまり愛してくれなかったら私も控えめに愛を与えるし、スキンシップもそうなります。あまりにも供給量が少ないので、取り置いておかなければならないものであるかのように、注意して与えるようになります。

あなたも私も、人とつながるように、人と情緒的に愛着するように造られています。身体に触れることは、人間にとって不可欠なものだということはよく知られています。情緒的な健康のためばかりではなく、生き延びるために必要なものです。高齢者はスキンシップがないと寿命が早まり、赤ちゃんは触れられていないと「発育不良」と診断される傾向があります。

孤児や弱い立場の子どもたちを弁護する者として、私が目撃してきた最も心の痛むことの一つは、スキンシップ不足が子どもたちにどんな影響を与えるかです。

孤児たちはみな養子にされ、家庭に永遠に受け入れられるべきだと私は確信しています。ですからいつも、子どもたちがどうやったら施設から出られるかを考えています。仕事上、私は大切な孤児の一人ひとりについて知るために多くの施設を訪問しました。

忘れられないことがあります。ルワンダのキガリにあるマザーテレサホームという、棄てられた赤ちゃんたちの施設でのことです。おそらく四十ばかりのベビーベッドが壁の端から端まで何列も並んでいました。何人かの赤ちゃんたちの手が、抱いてほしいと手を伸ばしていますが、抱きあげられるとすぐに降ろされて、痛ましげに泣いていました。彼らの小さい手は私たちの手をひっかいて、また抱っこしてと言ってきます。他の赤ちゃんは、静かに物憂げに、壁に顔を向けてベッドに横たわり、自分だけを抱っこしてくれる手はないのだとすでに知っているようです。

世話をする親が触れるという刺激のないままでは、子は自分に価値があり、愛されるべき存在であることを知ることができません。脳の発達も情緒的発達もスキンシップがないことで阻害されてしまうため、多くの子どもたちには、この喪失を自分で埋めることは不可能なのです。

あなたは孤児ではないかもしれませんが、親から愛情をじかに、あるいは派手に表されなかったかもしれません。肉体的にも情緒的にも愛してくれる存在とつながっていないことがどれほどつらいことなのか、また触れられず、抱きしめられることがないことがどれほどつらいことなのか、あるいはクマのようなに包み込むような大きなハグであなたを抱きしめてあげたいと思う人などいないことがどれほどつらいことなのかを、あなたはとっくに知っているでしょう。あるいは、あなたは不適切に触られたことがあり、そのせいで適切にスキンシップをしたいという願いで、魂が痛んでいるかもしれません。

つながりを切ったり、虐待が連鎖することのないようにしなければなりません。親の機能不全や傷が、家族の中で次の世代に影響を与えないようにしなければなりません。あなたがその連鎖を断ち切らなければならないのです。前の世代の人がもたらしたダメージを消すことはできませんが、あなた自身、子どもたち、孫たちのために新たな関わり方を始めることができます。難しいことも確かにありますが、あなたの心や頭や手が派手に愛することができるように取り組み続けてください。

ジョン・ラボックはこう言いました。「感情を表すことを恐れてはなりません。温かく優しく、思いやりと愛情をもってください。男性は何かをしてもらうことよりも共感してもらうことによって助けられます。愛は金銭より優っているし、優しい言葉はプレゼントよりも多くの喜びを与えてくれます。[*1]」

豊かに派手に愛する人の魂は、喜びにあふれていることでしょう。

笑ってください、世界もあなたと共に笑います――ユーモアについて

私はイーヨーでしたよね。まじめで常に緊張していて、落ち込みやすいのです。ほほ笑むし、友だちや家族と笑い合うことはあっても、そう簡単には大笑いはしません。お腹の底から笑うには、何かとてもおかしいことが必要なのです。かわいそうな私の家族は、自分たちが見たいものではなく、私がおもしろいと思うであろうテレビ番組や映画を見つけようとしてくれます。最近知ったのですが、彼らはコイントスをして、だれが犠牲の子羊になって映画を選ぶかを決めていたようです。ちょっと大げさに聞こえますが、実際には

そんなことはありません。

リックが私に優しいのは、このせいでもあります。極端なティガータイプであるリックは、私の人生に多くの笑いをもたらしてくれました。彼はだれよりも私を怒らせますが、他のだれよりも笑わせてくれます。真面目な外面のイーヨーには、心の内側に入り込んで笑いのツボをつくことのできる人が必要です。人生の楽しみを増やすために、より大きな喜びに生きるために、イーヨーばかりでなく私たちは皆、もっと笑うようになったほうがよいのです。

人生は不条理だと気づいていますか。もし人生が不条理でなかったら、自分たちを笑うために「アメリカの最もおもしろいホームビデオ」という番組が毎日放映されているはずがありません。

人生は不条理で痛みがあるのだから神なんて存在しない、と決めつける人もいます。でも私はこう言います。人生は不条理で傷みがある。だからなおのこと神が必要なのです。もし神がいなかったら、私は生き延びられなかったでしょう。そうです。人生は不条理です。痛みもあります。でも、私たちは痛みの中で神のもとへ行くことができるのです。神から逃げるのではなく。

ある日こんなことを聞きました。「後になっておかしいと思うことは、今もおかしいのだから、今笑っておこう。」なんという考え方でしょう！「みじめな人には毎日がみじめで、心が陽気な人には毎日がお祝いだ」（箴言一五・一五、ＧＷ）。人生の中にユーモアを探しましょう。たとえ人生が不条理であっても。

私の友だちは、自分が経験した最も恥ずかしいデートの話をよくしてくれます。彼女は素敵な人に出会い二、三回デートをしましたが、その後彼は、初対面の彼の兄弟と一緒に水上スキーに連れて行ってくれました。水上スキーをした後、小さなビキニ姿の彼女はボートに戻ろうとしたのですが、その際にビキニのショーツが引っかかってしまいました。そしてボートに上がろうとしたら、ショーツが湖に浮かんでいるではありませんか！彼女は新しいボーイフレンドとその兄弟たちの前に、すっかりさらけ出してしまったのです。

こんなことが私に起こったら、水に飛び込んで溺れてしまうでしょう。ところが私の友だちは？なんと彼女は結局彼と結婚したのです！「だって彼は全部を見ちゃったんだから、いっそのこと結婚しちゃったらいいじゃない？」

年老いた祖母は、徐々に筋肉が衰え、おならを我慢するのが困難になりました。それで彼女は歩くたびに「プ、プ、プ」と音を鳴らすのです。もしそんなことが自分の身に起きたらとても恥ずかしくなるでしょうが、彼女はユーモアに変えたのです。祖母はこう言っていました。「私は八十歳よ！歩く時にプーと言いたかったら私は言うの。さあ行くわよ！　プープープー。」

乳がんの経験は、決して楽しい経験とは言えませんでした。化学療法では、髪の毛はすべて抜け落ちると言われました。髪が抜け始めると、束になって抜け落ちるのを見たくなかったので私は先制攻撃を仕掛け、頭を剃り、かつらをつけました。

私はそのことについてたくさんの本を読み、医師とも話をしておいたのに、実際どんなにつらいものなのか心の準備ができていませんでした。そのことを話そうとすると、いまだに涙がこぼれます。それまでの人生の中で、あれほど自分が無防備でさらけ出されたという感覚を味わったことはなかったのです。初めはいっぱい泣きました。でも一年間そのかつらをつけていたら、それほどつらいものではなくなりました。私はそのことを笑うことも学んだのです。

化学療法が終わってまもなく起こった出来事をハッキリと覚えています。私はまだかつらをつけていました。教会の働きに復帰していて、女性の聖書研究のクラスを教えていました。その日は私の誕生日だったので、女性たちはカードやプレゼントをたくさん用意してくれていました。そのうえ私は本や聖書を持っていたので、両手はいっぱいでした。

友だちのエリザベスと一緒に車まで歩いて行くと、強い風が吹いてきました（次にどうなるかもうおわかりでしょう？）。二人とも両手いっぱいの荷物を抱えて歩いていくと、風が私のかつらの後部をつかまえたのがわかりました。そして、いつのまにかかつらは吹き飛び、リスが走っていくように駐車場をくるくると転がって行ってしまったのです。

エリザベスと私は悲鳴を上げながら大笑いし始めました。追いかけていますが、二人とも両手がふさがっているので、転がるかつらを止めるには足で踏むしかありません。拾い上げると私たちはしゃがみこんで笑いました。「アメリカで最もおもしろいホームビデオ」はどこ？

ちょうどその頃、大きなSUVがゆっくり近づいてくるのが見えました。友だちが運転していて、目を大きく見開いています。

「何が起こったか見てた？」私はまだ笑いながら聞きました。

「見たわ！　でも手伝ったらいいのか、見なかったことにして行っちゃったほうがいいのかわからなかったの。」

「いっしょにかつらを追いかけてくれたらよかったのに！」私は言いました。

数か月後、私は女性のための週末の集会の初めに話すことになっていましたが、まだかつらをつけていました。聴衆の女性たちに、自分を無防備にする必要があることについて話していました。神はみなさんにこの集会を通して語ろうとしておられます。そしてそれを受け取るにはガードを降ろして、神の前に無防備にならなければならないのです。

私は教会の駐車場でかつらを飛ばされてしまった話をし、どれだけ無防備に感じたかを話しました。そのことを話そうとは思っていませんでしたが、話を始めると、私は衝動的に手を伸ばして自分のかつらを聴衆に向かってひょいっと投げたのです。まるで蛇でも投げつけられたかのように、彼女らは「きゃー！」と叫びました。結局、前列にいた女性が熱々のポテトを拾うようにしてステージの端に置いてくれました。

もうすでに涙を流したので、今度は笑う番です。

笑いも涙も、どちらも同じ魂の深い井戸から来るものです。ですから、私たちはときどき泣くまで笑うし、笑うまで泣くのです。泣けないけど笑えるなら、助けが必要です。泣けるけど笑えないなら、やはり助けが必要です。そしてどちらもできなければ、良い友かカウンセラーに話を聴いてもらう必要があります。

神はあなたが自由に泣いたり、思い切り笑ったりできるように造ってくださっています。イエスさまがそうしたようにです。そして痛みも笑いも認識できる時、あなたは真の喜びを知ることに一歩近づくのです。

今がその時――人の重荷を軽くしてあげる

他の人の重荷を負うことを選択する時、その心の中にどれほどの喜びが生まれるのかは驚きに値します。ガラテヤ人への手紙六章一〇節にこうあります。「機会があるうちに、すべての人に、特に信仰の家族に善を行いましょう。」ヘブル人への手紙一三章一六節はこうです。「善を行うことと、分かち合うことを忘れてはいけません。そのようないけにえを、神は喜ばれるのです。」

多くの場合、私たちは少し身構えて毎日を生きているのではないでしょうか。目に見えない想像上の手で自分を守りながら、他の人に邪魔されないように、侵入されないように、その日にやることが中断されないようにと防護盾で守るようにしていませんか。頭を低くして下を向いていれば、自分の計画を妨げる可能性のあるだれとも目を合わせなくていいと思っているのではないでしょうか。

もちろん、私たちには毎日やることが山ほどあるし、他の人の重荷を負うなんて現実的ではないばかりか正直迷惑です。でもこの態度は、ややもするとこんな生き方になってしまいます。つまり、人は自分に仕えるためにいる、必要に応えるためにいる、自分の仕事を成し遂げることを助け、私の人生を楽にするために存在していると考える生き方です。ウエイターから、スーパーのレジ係、銀行の窓口の人など。そして彼らが、思っているよりも仕事が遅かったり、へまをしたり、失敗したりすると、忍耐できずにこう思うのです。

「あなたは私に仕えているんじゃないの？」

あなたはどうかわかりませんが、私の視野は一気に狭まります。自分のことだけしか見えないので、他の人に何が起こっているのかは見えなくなってしまうのです。

私は何年も前に、自分の視野の狭さをとてもつらい経験をとおして学びました。新婚の夫婦が隣の家に引っ越してきました。その奥さんは陽気でおもしろく、温かい人で、何回か家に招きました。キッチンに座って、子どもたちが遊ぶのを見ながらおしゃべりしていると、私は彼女の中に悲しみがあるのを感じました。それが何なのかはわかりませんでした。彼女は私の子どもたちをかわいいと思っているのはわかりますが、その目の中に痛みがあるのを感じたのです。

ほどなくして、彼女は夫婦関係に問題があり、おそらく離婚することになるだろうと話してくれました。彼女は傷ついており、私も悲しみを覚えました。私は彼女を教会に誘い、一、二回は来てくれました。リックが夫婦関係についてメッセージで語ったテープがあり、それをあげると言いましたが、私は子育てをしながらミニストリーも盛んにやっていて、自分のことで手いっぱいでした。自分の家族や人生にばかり目を向けていました。数週間後、私は約束を思い出して、リックの結婚の秘訣についてのメッセージテープを届けました。

ある日、私が息子の寝室にいると隣の家の寝室から泣き声が聞こえました。彼女を思って心が痛みました。「今週、彼女の家に行って話そう。そうしなくちゃ。明らかに彼女は痛みの中にいる。」でも、私はとても忙しかったのです。

そしてある土曜日、家の掃除や、その日やるべき雑用をしていた時です。午前中は家とガレージの間を何度も行ったり来たりしていました。そしてその間、何度も家とガレージを往復していたのに、隣の彼女が玄関に手紙を置いて行ったのに気づきませんでした。封を開けると、メッセージテープと一緒に遺書が入っていたのです。「これを読んでいる時には、私は死んでいるでしょう。また離婚するなんて耐えられません。私にウエディングドレスを着せて葬ってください。友だちでいてくれてありがとう。」

私はだれもがするであろう行動をとりました。怖気づき、隣の家に走って行きましたが、大きな門は閉まっており、玄関まで行くことはできませんでした。それでガレージの戸を叩きました。電話に留守電を入れ、涙ながらにそのまま待つように、何もしないように歎願しました。彼女のことを気にかけていること、助けると約束すること、いつもそばにいてあげると言い、とにかく何もしないで、と。

彼女の夫の電話番号を持っていることを思い出して、電話をしました。

「今、何が起こっているか知っていますか?」と尋ねました。

「妻はいつもこういうことをするんだ。何でもないよ。」彼は言いました。

私は言いました。「過去に何をしたかわからないけれど、今回は危ないと思うのよ！これは現実なの。彼女を探してくれない?」でも、彼は無視しました。

約一時間後、非常に動揺した状態の彼から電話がかかってきました。彼女は夫の前で自分を撃ち、病院で生命維持装置をつけられているというのです。起こっている悲劇の恐怖でいっぱいになりながら、病院に行ってもいいか尋ねると、彼は来ていいと言いました。

私は彼女の傍らに立って、その手を取り祈りました。そして、まもなく生命維持装置が取り外されることを知り、泣きながら祈りました。「神さま、自分の家族のことでいっぱいになり、この愛すべき女性がギリギリのところにいることに気づけなかったことをお赦しください。このことは忘れません。決して。自分を打ち叩いてそうするのではありませんが、このことを忘れません。人のために時間ができたら助けようなどと考えることがこの先ないように、この体験を生涯心に留めます。」

どうかわかってください。私は自分のせいで友が亡くなったと思っているのではありません。自死の動機はとても複雑なものです。私が取る責任、そして私が二十年以上たっていても忘れていないことはこれです。与える人になりたければ、今与える人にならなければならないということです。

今あなたの人生に与えられている人は、理由があってそこにいるのです。自分には何も与えるものなんてない、自分は空っぽだと思っているかもしれません。でも神は他の人に与える物を、あなたに与えてくださいます。

使徒パウロの時代、マケドニアの教会は非常に貧しい状態にありました。貧困の中の貧困者たちでした。しかし、エルサレム教会で必要があることを聞くと、彼らは献金を集めました。パウロは、彼らはあふれる喜びをもって小さな捧げものを与えたと言っています。彼らは物を持っていないからといって、与える人になることはできないと考えなかったのです。

「彼らの満ちあふれる喜びと極度の貧しさは、苦しみによる激しい試練の中にあってもあふれ出て、惜しみなく施す富となりました。私は証しします。彼らは自ら進んで、力に応じて、また力以上に献げ、聖徒たちを支える奉仕の恵みにあずかりたいと、大変な熱意をもって私たちに懇願しました。」

（Ⅱコリント八・二～四）

　あなたは経済的に非常に困窮しているかもしれません。でも、食糧庫のために缶詰を一個でも献品してください。情緒的に困窮しているかもしれません。でも、だれかを抱きしめることはできるでしょう。霊的に困窮しているかもしれません。でも、だれかに励ましの言葉をささやいてあげてください。もっとお金があれば、体力があれば、生活を立て直すことができれば、与える人になれるだろうなどと思わないでください。人に仕えることに喜びを見いだしてください。

日々祝う

　あなたも私も、時につらい人生となりうる中でも、楽しみや喜びを増やしてくれる五感が与えられています。私たちは感覚を使って、人生をより楽しいものにすることができます。自分のためにも、また近しい人のためにも、派手に愛することによって、人生の不条理を笑うことによって、また友の重荷をともに負う方法に注意深くあることによって。

　日々、何か良いことを祝う理由を見つけてください。たとえ、布団をかぶって問題から目を背けたい日であっても。

ヘンリー・ナウエンはこう言います。「祝うということは、人生のあらゆる良いこと悪いことの下には、いつも喜びが流れていることを絶えず確かめることだ。[*2]」ですから、味覚、触覚、視覚、臭覚、聴覚を喜んで祝う中で、今日も生き、愛し、笑ってください。

〜祈り〜

お父さま、あなたはたくさんの賜物を与えてくださいました。スキンシップや言葉によって人を愛する自由、感情を味わう能力、そして喜びにあふれた人々を。私に与えられている人間関係や状況を、あなたが見ておられるように見ることができるようにしてください。私は派手に愛し、笑い、生きたいのです。涙を流され、お笑いになったイエスさまの名によって。アーメン。

ふりかえりと適用

―　二三四頁に書かれてある、感覚を通して喜びを味わう例にならって、どれかを行ってみましょう。

2　家族が家を出入りする日々のルーティーンを思い出してみてください。どこかにスキンシップを加えることができますか。

11　あらゆることに喜びを見いだす

主は私の力であり盾である　私は心のすべてで彼を信頼する
主は私を助け、私の心は喜びで満たされる
私は感謝の歌を叫び歌う

詩篇二八篇七節（ＮＬＴ）

小さなこと、あらゆることに喜びを見いだす心にとっては、毎日がすばらしいプレゼントだ。

作者不詳

喜びにあふれている人に見られる特徴のひとつは、自分自身や今の状況の向こうにあるものを見ることができることです。一時的なものよりも永遠に続くもののほうがより重要だと気づいており、将来への希望に基づいた選択をすることができるのです。永遠に目を向けることは、今この時の大切さを認めることでもあります。今は喜びを選ぶ時、今は愛する時、また今は神が私たちに下さった良いものに感謝する時、というように。

目を見開いて――感謝する

子どもたちが高校生の時、教会が毎年行っているメキシコへの宣教旅行に参加しました。旅から帰ってくると同窓会があって、参加者が家族や友だちと、体験してきたことや学んだことを分かち合います。毎回期待してとても楽しみにしていました。人生を変えるような体験談を聞けると思って。

いつも同じでした。多くの子は涙を流して、どの子も神に、またお互いに近く引き寄せられたことを話しました。何よりも、自分たちが物質的に恵まれていることにいかに感謝しているかを語りました。旅に参加したほとんどの子は、海外旅行をしたことがありません。そして世界の大多数の人々が日々経験しているような生き方を目にする準備は、ほとんどできていなかったのです。ひどい貧困のさま、生活の基本的な必要が満たされていない生活、平均的なメキシコ人の市民にとって生きることがどれだけ困難なのかを目の当たりにし、どれほど衝撃を受けたのか、言葉を詰まらせながら語ります。この言葉が繰り返し彼らの口から出てきました。「私はとても感謝しています。」

私も彼らの気持ちと同じです。この十年間で二十一か国を訪れ、貧困や病気、腐敗した指導者たちが同胞たちにもたらした惨状を見る機会が多くありました。私の心はその苦しみによって非常に痛みました。自分の心地よい場所から一歩外へ踏み出したことによって、高校生たちと同じ言葉を言えるようになりました。「私はとても感謝しています。」

でも、感謝の心を育むのに旅行する必要はありません。それは今日、今ここで、神の善さを、目を開いて見ることを選ぶところから始まります。

コロサイ人への手紙四章二節にこうあります。「目を覚ましていなさい。感謝の心で目を大きく開いて」(ザ・メッセージ)。喜びは感謝の心から生まれます。感謝の心をもたずに、喜びの心をもつことはできません。また感謝の人でありながら、喜びを味わわないことはありません。神をたたえることのできる人は、神に感謝します。喜びと感謝はいつもいっしょなのです。

私たちの多くは、目隠しされたまま歩いているようです。持っているものに対する感謝ではなく、持っていないものに気を取られているのです。「彼女が結婚しているのになぜ私はしていないの？　私の愛する子が癒やされるように祈ったのに癒やされないで、あの人たちの子が癒やされたのはなぜ？」　C・S・ルイスはそのような私たちの傾向にこう警告します。「神が与えてくださる善いことを、その時には別なものを期待しているので拒むのだ。[*1]」

信じられないほどの神の善さ、優しさ、気前の良さに感謝するのではなく、まだ答えられていないことによって目隠しされ、神は私たちのことを気にかけていないのだと責めてしまいます。感謝の心のないところには、喜びはあふれません。

心で神の善さを見ることができなければ、神に感謝の言葉を言うことはできません。自分が持っていないもの、人生の中の気に入らないこと、こうでなかったらいいのにと思うことにばかりエネルギーを注いでいたら喜びを味わうことはできません。神がすでにしてくださったことや、これからもしてくださろうとしていることすべてを無視しているのですから。

旧約聖書の中に、イスラエルの民が神に感謝を表すために祭壇を築いたという記事があります。幕屋や神殿の中に祭壇を築くだけではなく、旅の途中にも、人生の中に神が現れてくださったことに感謝するために石碑を建てました。

たとえばヨシュア記四章で、神はヨシュアに各部族の中から十二人を選び、ヨルダン川から十二個の石を取り、契約の箱を運んだ祭司が立っていたところに石を置くように言います。

そしてその後、ヨシュアはイスラエルの民にこう言います。

「後になって、あなたがたの子どもたちがその父たちに『この石はどういうものなのですか』と尋ねたときには、あなたがたは子どもたちに『イスラエルは乾いた地面の上を歩いて、このヨルダン川を渡ったのだ』と知らせなさい。あなたがたの神、主が、あなたがたが渡り終えるまで、あなたがたのためにヨルダン川の水を涸《か》らしてくださったからだ。このことは、あなたがたの神、主が葦《あし》の海になさったこと、すなわち、私たちが渡り終えるまで、私たちのためにその海を涸らしてくださったのと同じである。それは、地のあらゆる民が主の手が強いことを知るためであり、あなたがたがいつも、自分たちの神、主を恐れるためである。」（ヨシュア四・二一～二四）

その後何世代にもわたり、人々が、神がしてくださったことを示す祭壇である、石の山のそばを通り過ぎました。神は、人々は忘れやすいことを知っておられます。でも、彼らは神の命令に従い、後の時代の人が神の善さを思い出すことができるように、神が現れてくださったことを記念して印を残しました。

あなたも私も今週中に、庭に石碑を作るようなことはしないでしょう。でも、ひとつ提案させてください。散歩に出て石を見つけてください。目を留めるような大きな石です。それを家に持ち帰って、机の上や台所に置き、それを神があなたの人生にいてくださることを感謝する、目に見える印としてほしいのです。その記念の石は、あなたを感謝にあふれる人にしてくれるでしょう。そしてダビデ王が詩篇一二六篇三節で言っているように、あなたは神を賛美することができます。「主が私たちのために大いなることをなさったので　私たちは喜んだ。」

感謝の気持ちを表すうえで、もっと上を行っている人がいるかもしれません――さらに喜ぶことができるように。何年もの間、私の義理の妹シャウンデルは、毎日神に感謝することを日記に書いています。ある時は「タコ・チューズデー（タコスの火曜日）のゆえに神に感謝します！」のような小さいことだったり、「雨に感謝します」とか「忍耐深い夫に感謝します」のようなものだったりします。どおりで彼女は感謝と喜びにあふれる心の持ち主であるはずです。

あなたは今ここにいる――その時を生きる

私の大切な友であるディーには五人子どもがいます。そのうち二人は脳性まひで、その一人のメーガンは重い脳性まひを患っています。

メーガンが小さいころのこと、ディーは他の四人の子どもと床の上に座っていました。

彼らは笑ったりくすぐったり、子どもたちが大好きなふざけっこをして楽しんでいましたが、メーガンはただ車いすに座って物憂げにその様子を見ているだけでした。

　ディーはメーガンを抱き上げ、他の子たちが遊んでいる床の真ん中に降ろしてあげました。メーガンの筋肉はこわばっていて自分の身体を動かすこともままならないため、大騒ぎするきょうだいたちの真ん中に座っていることは、彼女を無防備な状態に置くことになります。でも、ディーが床の上に降ろすと、彼女の顔にはとびっきりの笑顔が輝きました。ふざけるきょうだいたちの真ん中にいる喜びは明らかでした。ディーはかわいい子どもたちが転げまわるのを間近に見ながら、こうつぶやきました。「なんてすてきな瞬間なの！」

　ディーはまもなくメーガンを車いすに戻してあげたでしょうか。そうです。きょうだいたちといっしょに床の上にいることで、メーガンの身体は癒やされたでしょうか。いいえ。その楽しい瞬間は、メーガンがもつ限界や痛みやつらさを取り除いたでしょうか。いいえ。でもディーが、その瞬間を生きることに心を開いた時、喜びに対しても心を開いたのです。

　数か月後、私はとても深刻な問題を抱えているわが子と海岸を歩いていました。彼は、きょうだいたちのように学校に行っていません。人とは違う生活をしなければなりませんでした。私は彼の人生、また自分の人生に起こっていることに対して嘆いていました。

　台風の後の、磯だまりを見に行きました。流木やゴミが砂浜に打ち上げられていて、海岸は美しいとは言えませんでした。空には暗い黒い雲が立ち込め、それはまさに私の気分そのものでした。こんなふうに考えていました。「こんなのいやだわ、神さま。私は彼に同世代の子と同じような普通の生活を楽しんでほしいのです。こんなの悲しすぎます。」

すると私は数か月前に、ディーと交わした会話を思い出しました。それまで思い悩んでいたのをいったんやめて、自分の息子を見ました。その時、彼は砂浜をスキップし、波をかわしながらカモメを追いかけていました。私はこう言いました。「神さま、なんてすてきな瞬間なんでしょう！」状況は変わりませんでした。向き合わなければならない課題は、数分前と全く変わらず私たちを襲っていました。でも、その痛みを意識的に考え直した時に、私には平安がありました。その瞬間を慈しむことは、痛みを取り除くわけではありませんが、喜ぶことのできる余裕を与えてくれたのです。

日々喜びを味わうためにその瞬間を生きるとはどういうことなのか、学ばなければいけません。私が今言ったことに注意してください。その瞬間を生きるのです。その瞬間のために生きるのではありません。その瞬間のために生きるというのは無責任で、後悔するような結果になるでしょう。その瞬間のために生きることがどういうことなのかを、あなたはすでに経験しているかもしれません。

その瞬間を生きることによって、この瞬間の中に神を見いだすことができるとわかるようになります。それが喜びの瞬間であろうと悲しみの瞬間であろうと。完璧主義者として私はその瞬間を楽しむ前に、完璧な瞬間を待っていました。でも、完璧なものなんてありません。それで聖書は良いことをするために、「すべての機会を用いなさい」と励ましているのです（エペソ五・一六、NLT）。この瞬間を最大限に用いるのです。この機会を最大限に用いて良いことをするのです。この機会を最大限に用いて、喜びを選択するのです。

問題なのは、私たちが欲張りだということです。私たちはその「瞬間」だけが欲しいのではありません。何週間も何日も何か月も何年も、その瞬間が続いていてほしいのです。人生の間中ずっとです。そして、もしすばらしくて、何の心配もない、まとまった時間がなければ、喜びを味わうことができないと決めてしまいます。

でも「瞬間」しかない時もあります。あなたも私も、今「この瞬間」があると認め、それを慈しむことを選ぶのです。自分には何も問題がないことにしようと言っているのではありませんし、人生についてすべて理解し尽くしているふりをしようと言っているのではありません。ただこの瞬間は神からの賜物であって、私たちはそれを慈しむのだということです。それを愛するのです。

マイク・メイソンは言いました「今を喜ぶという決意は今を変えるだけでなく、過去をどう見るかの見方を変え、将来に対して希望を生み出します。[*2]」

私はその瞬間がもっと長引くように、と求めることをやめました。その瞬間は、恵み深い父が与えてくださった短い時間以外何ものでもないのです。私は「この瞬間」からあらゆる喜びを絞り出します。なぜなら、次の瞬間がいつ来るかわからないからです。

私たちが今日を十分に満足することなどめったにありません。繰り返せない過去を悔やみ、やり直せればいいのにと嘆き、まだわからない将来に対して心配し、思い煩うことにエネルギーを浪費しています。いずれにしても、今日は無視されるか過小評価されています。

詩篇一一八篇二四節にこうあります。「これは主が設けられた日。この日を楽しみ喜ぼう。」このような練習をしてみてください。このみことばを、毎回違う言葉を強調しながら、声を出して繰り返すのです。

これは主が設けられた日。この日を楽しみ喜ぼう。
これは主が設けられた日。この日を楽しみ喜ぼう。
これは主が設けられた日。この日を楽しみ喜ぼう。
これは主が設けられた日。この日を楽しみ喜ぼう。
これは主が設けられた日。この日を楽しみ喜ぼう。

このみことばが、生き生きと響いてくることに驚くでしょう。あなたの魂の奥深いところで何かが変わり始めます。そして神に、何日も何週間も何か月も何年もあるいは一生涯という時間を与えてくれと要求しなくなります。生きるのに完璧な時間など、求めなくなります。そして今すぐに、人生の今の瞬間を楽しみ始めるでしょう。

もしあなたがもっと喜びあふれて生きたいと思うなら、痛みの中にいようといまいと、自分はいまこの瞬間を生きているのだと言い切ることです。この瞬間にこそ、神はおられるのです。

喜びの選択――混乱の中に祝福を見いだす

コーリー・テン・ブームはオランダ人の女性で、家族と一緒に第二次世界大戦の間、ユダヤ人の隣人をナチスから匿《かくま》いました。オランダ人の密告者が通告すると、テン・ブーム一家は逮捕され、強制収容所に送られました。

著書『わたしの隠れ場』（いのちのことば社、一九八六年）の中で、コーリーは姉妹のベッツィと共に入れられた、ラーフェンスブリュックという悪名高いドイツの強制収容所での経験を語っています。（ベッツィはこの後、コーリーが解放される数日前に亡くなりました。）

　ラーフェンスブリュック強制収容所に着いた時、ベッツィはその惨めな場所のあらゆる部分について神に感謝していました。薄くて汚いブランケットに住みついていたたくさんのノミのことまで。コーリーは聖書を持っていたこと、また姉妹と一緒にいたこと、そして周りにいた女性たちのことは神に感謝することができましたが、ノミのことまで感謝できませんでした。

　コーリーとベッツィはその息の詰まるような収容所の中で、女性のための聖書の学びを導きたいと思っていました。もしこの地上に地獄があるなら、この強制収容所こそ、それそのものです。そして、強制収容所にいる人々を愛しておられる神がいて、その神はそこにいる一人ひとりの名前を知っているということを知る必要があるのは、そこにいる女性たちでした。でももし番兵たちに聖書の学びをしていることを知られたら、自分たち姉妹は飢えさせられ、苦しめられ、殺されることさえあることをコーリーは知っていました。

　ですから学びを始めた時、とても気をつけていました。でもまもなく、番兵たちは邪魔しようとしてはいないことに気づきました。番兵はいつも見張っていましたが、女性たちが集まっていたところを気にすることはありませんでした。

ベッツィは、なぜそうなのかがわかりました。番兵たちは恐ろしいノミに近づきたくなかったのです。女性たちはノミのおかげで聖書を学び、祈り、神を賛美することができたのです。姉妹たちは、神にはすべてのことに感謝する理由があることを発見しました。私はノミに覆われていることを神に感謝できるかどうかわかりませんが、ベッツィは私たちが定義したような喜びを生き抜いたのです。彼女は、神が人生の隅々にいたるまで支配しておられるという揺るぎない確信をもっていました。また、最後にはすべてが大丈夫だというひそかな自信を持ち、そしてすべてのことにおいて神をたたえようという決意をもっていました。彼女は「喜びを選んだ」のです。

数年前、私はあるストレスチェック・コンサルタントの方が、ストレスを減らし、喜びを増すためには、混乱の中に祝福を見つけることだと話すのを聞きました。混乱の中に祝福を見いだすというのは、ローマ人への手紙八章二八節を言い換えた言葉だと言えます。「神を愛する人たち、すなわち、神のご計画にしたがって召された人たちのためには、すべてのことがともに働いて益となることを、私たちは知っています。」

混乱の中に祝福を見いだすことができる人がいるでしょうか。生まれつき陽気な人たちでしょうか。そうかもしれません。成功して魅力的で賜物がある人？　必ずしもそうではありません。

混乱の中に祝福を見いだすことができる人たちは、祝福を意図的に求めている人たちです。どんな傑作にも欠点があります。この世のどんな良いことにもちょっと間違っていることがあります。良いことと悪いことの線路が平行して走っているとは、どんな良くないことにも何か賛美に値することを見つけることができるということです。ピリピ人への手紙四章八節にあるように、「友よ、最後に言います。次のようなものを思いめぐらし、心を満たしなさい。真実なこと、尊ぶべきこと、評判の良いこと、真実なこと、称賛に値すること、恵み深いこと。つまり最悪なものではなく最善なこと、醜いものではなく美しいもの、呪うべきものではなくたたえるべきものを」（ザ・メッセージ）。

心を良いもので満たすとは、現実を否定して生きるということではありません。混乱の中に隠されている喜びを見つけるということです。喜びと悲しみの二本の線路は、私たちがイエス・キリストに会う時まで決して離れずに並走しています。その時まで、あなたも私も生きている間は、祝福を探し、正しいことが何かを求め続けるのです。

最近夫を亡くされた方が私に、思いもよらない喜びを味わった経験を話してくれました。「あなたはきっとこんなこと信じないかもしれないけれど、今の私の宝物は寝室なんです。夫は亡くなる前にこの部屋をリフォームしてくれました。今私がこの部屋に足を踏み入れると、目に入るのは彼が私のために作ってくれたものです。彼のしてくれたすべてのことに注がれている、夫の愛を見ることができるのです。そして寝室に入ると私は声に出してこう言うんです。『ありがとう。愛を見せてくれてありがとう』と。」

その寝室に足を踏み入れるたびに、彼女には失ったすべてに対する嘆きが襲ってくるのではないかと、私たちは思うかもしれません。でもこの女性は、神との成熟した歩みの中で、喜びを探すことに決めたのです。最も混乱した闇の中に、宝を見つけようとしたのです。

しばしば悪いことが私たちの身に起こります。口から出る最初の言葉は、「なぜ」とか「なぜ私に」でしょう。フィリップ・バーンスタインはこう言いました。「悲しみがやって来た時に、私たちには、なぜこのようなことが自分に起こったのかと聞く権利はありません。喜びがやってきた時に同じ質問をするのでなければ。*3」

あなたは気づいたかどうかわかりませんが、神はめったにそのような問いには答えてくれません。少なくとも、私たちの聞きたい言葉では答えてくれません。C・S・ルイスは彼の小説『顔を持つまで――王女プシケーと姉オリュアルの愛の神話』（平凡社ライブラリー、二〇〇六年）の中でこう言っています「主よ、今ようやく私はあなたがなぜ答えてくれないのかわかりました。あなたご自身が答えなのです。あなたの御顔の前では、どんな問いも消えて行ってしまいます。*4」

あなたや私が置かれている混乱は、自分たちのせいでもたらされたものかもしれません し、他の人によってもたらされたものかもしれません。またある出来事は、この不完全な世界に住んでいるゆえに起こったかもしれません。でも、私が確信している一つの真理があります。それは、私たちの人生の混乱から人に仕えるための働きが生まれるということです。決して贖われることはないし、恵みなど隠されてはいないと思われるような混乱から、神はご自身の働きを生み出そうとしています。そのような働き、またそのような神との親しさから喜びがやって来るのです。

私の人生は混乱だらけですが、そこにはたくさんの祝福が隠れていました。私たちの夫婦関係は、とても厳しいところから始まりました。この先どうなるかわからないと思う時もありました。神の前で互いに交わした誓約は私たちを結び付けるものと信じ、互いに固く約束し合っていました。でも自分たちの違いを乗り越えることができるとは思えませんでした。お互いを赦し合わなければならなかったのです。「もう一度やり直そう」と言いながら、何度でも戻って来るために。

混乱の中の祝福とはこのようなものです。女性が私のところに来てこう言います。「自分たち夫婦がどうなってしまうのかわからない中で生きるのはどういうことか、あなたにはわからないでしょうね。このまま夫婦としてとどまるか、あるいは二人の関係に取り組むか、あなたには私に何も言えないわよね。だってあなたにはわからないもの。」私は彼らを見てこう言えます。「わかるわ。私はあなたが通っていることの一部だけれど知っています。そして、神がリックと私のように全く違う二人を美しい安定した幸せな関係にすることができるのなら、あなたにも神は同じことができると私は知っています。」あの混乱の中に祝福が隠れていたのです。

教会の管理人の息子が小さい私に対して行った身体的ないたずらは、混乱としか思えませんでした。そのせいで何年ものあいだ問題を抱え、傷を抱えてきました。私はカウンセリングを受けることにし、そして時間をかけて神はその傷を癒やしてくれました。この話をすると必ずと言っていいほど、女性が私のもとに来て、このように言います。「このことをだれにも言ったことがないですが、私も同じような経験をしました。もし神があなたを癒やすことができるなら、私のことも癒やしてくれるかもしれませんね。」このようにして、私が経験した困難は他の人に希望を与えているのです。

乳がんやメラノーマを患ったことも、大きな混乱をもたらしました。でもすでに書いたように、病気になったことは、結局は祝福でした。それは、そうでなければ開かなかった神の働きの扉を開けてくれたのです。

私はあなたにこう言うことができます。私はこれまでの人生のどんな時よりも、もっと生き生きした、イエス・キリストとの豊かな歩みを発見しました。パウロがコリント人への手紙第二、七章一一節で言っている言葉は、私の魂と響きあっています。

「見てください。このような悲しみが神により近づけてくれるとは、なんとすばらしいことではありませんか。あなたはより生き生きとしており、より関心をもっており、より敏感で、敬虔で、人間らしくなり、情熱にあふれ、より信頼できる人になっています。どんな角度から見ても、あなたはこの悲しみによって心がきよめられたのです。」（ザ・メッセージ）

今私は、愛する者の癒やしのために祈りながら、精神疾患という混乱の中に祝福を見つけようとしています。神に信頼することが即座に癒やしという結果をもたらしてはいません。でも、再び私は紅海の前に立っているように感じています。自分がコントロールすることができない残酷な敵によって、後ろから追い立てられているのです。答えられない祈り、また不透明な「混乱の中の祝福」は、私にとっては神秘のままである神に対する理屈抜きの大胆な信頼について教えてくれています。でも、結局はこういうことです。私は、完璧に理解できる神と光の中を歩むよりも、神秘である神とともに闇の中を日々歩みたいのです。それは、混乱の中でなければ、私たちを日々喜びに導いてくれる生き生きとした神への信仰は育たないからです。

喜びを伝える

ベッキー・ジョンソンという私の新しい友だちは、神が私たちを悲しみの人から喜びの人へと変えてくださる過程で、人の心に喜びをもたらすことのできるような、私たちが潜在的に持っている力について的確にまとめてくれました。

「最近、夫のグレッグが撮ったクレーター湖の写真を見つけました。クレーター湖は水が綺麗で青く、アメリカで最も深い湖です。この世のものとは思えない静けさに包まれたのを思い出します。『平和』という言葉を視覚化しようとすると、この写真が頭に浮かんできます。」

「この湖は、火山の爆発によって空いた大きな穴に雨や雪が蓄えられてできており、その結果、このようなぜいたくなばかりの静かな場所が作られたのです。」

「これは人生の素敵なたとえではありませんか。私たちの人生には危機、失敗、爆発（以前あったものが吹き飛ぶこと）がつきものですが、それらが残してくれた破れや傷口には、徐々に、でも確実に、天からの新しく新鮮な雨が満たされていきます。あなたは変えられます。そして、そのようにして神に明け渡していくなら、あなたはほかの人にとって、深みのある、美しい、静かな場所となることができるでしょう。」

そうなりたいと思いませんか。私たちはみな触れ合ってきた人たちの人生に、何らかの祝福のしるしを残したいと熱望しているのではないでしょうか。私たちの内にある破れが癒やされ、回復され、それによって他の人たちの癒やしや回復の力となることを願っているのではないでしょうか。また、私たちの生き方を見ている人たちにとって、影響を与える存在になりたいと憧れているのではないでしょうか。また、どんなことがあっても喜びを選ぶという神の召しを生き抜いた人たちというリストに、名前を連ねたいと望んでいるのではないでしょうか。私たちは皆そうだと思います。

望み、憧れ、願い、熱望してもそうはなりません。でも、そのような人になることを選ぶなら、私たちはそうなることができます。

主イエス・キリストの恵みにより、神の愛により、そして聖霊の交わりによって私たちは喜びの人となることができるのです。

～祈り～

お父さま、私は恐れています。私は変わることができ、変われると信じることを恐れています。またあなたは、嘆きを踊りに変えてくれることができるのか、また人生の悲しみを感じながら喜びを追求することを選べる人になれるのかどうか、信じるのが怖いです。私は今日生きたいのです。私は喜びを選ぶ人として今生きたいのです。私に力を与え、この旅路においてあなたの祝福を求める勇気を与えてください。イエスさまの名によって。アーメン。

ふりかえりと適用

１　神に感謝することを忘れているところはありませんか。感謝の日記をつけ、三十日間毎日一つの祝福を書き留めること始めてみてください。たった一言でもかまいません。

２　これから始まろうとしている一日を考えてみてください。静まって、神があなたに与えている家族や友だち、また神ご自身との瞬間を十分に生きることのできる時間を考えてみてください。不完全であっても、それぞれの瞬間を受け入れることを決めてください。

むすび

どうか、希望の神が、信仰によるすべての喜びと平安であなたがたを満たし、聖霊の力によって希望にあふれさせてくださいますように。

ローマ人への手紙一五章一三節

この本を読んで、あなたは自分が思ったほど強くなく、優しくもなく、喜びにあふれてもいないことに気づき、不快に思っているかもしれません。その気持ちはわかります。私もそうだからです。でも、喜びを求めることをあきらめるのではなく、そのような思いには希望があることに気づいてください。つまり、神がすでに私たちの内に働きを始めてくださっているという希望、またそのような内なる願いがあるということは、喜びが自分のものになりうるという希望です。

皆さん、もし私たちがこの地上生涯の中で喜びを味わうのであれば、それにはたったひとつの方法しかありません。私たちはそれを選ばなければなりません。信じられないような状況にもかかわらず、それを選ばなければなりません。あまりにもつらく耐え難い状況のただ中であっても、私たちは選ばなければなりません。最も恐れていた悪夢が現実のものになったとしても、私たちは喜びを選ばなければならないのです。

そんなことは聞きたくありません。私たちは小さなアヒルの人形を一列に並べるようにいつもちゃんと準備を整え、でこぼこになったところをまっすぐにし、ガタついたところを補強しながらしっかりやれば、もしこの大きなプロジェクトを終わらせれば、もし健康が回復すれば、給料が上がれば、あるいは物事がうまくいけば、ついに喜びにあふれることができると信じています。

でもアヒルたちは協力してくれません。一列に並んだままではいてくれません。でこぼこな部分はますますでこぼこになり、ガタついた部分はせっかく積み上げてきた人生を台無しにするかもしれません。これは完璧主義者だけでなく、私たちみんなに共通することだと思います。でも、もしあなたが喜びを味わいたいのなら、選ばなくてはなりません。どんな状況にもかかわらず、何が起こったとしても、どんな状況の中でも。

ですから、自分にこう尋ねてみてください。喜びを選ぶために、変え難いどのような状況が立ちはだかっているだろう？　変わりうること、変わりえないこと、どんなことが起こっているだろうか。将来に対するどんな不安が喜びを選ぶことを妨げているのか。どこで喜びを選ぶチャンスを見失ったのだろうか、と。

何をするにしても喜びを見失ってはいけません。あなたが存在する意味を見失ってはいけません。今数分間静まって、心から神に語りかけてください。

神さま、私に対する愛と情熱を感謝します。またイエス・キリストを通してあなたの家族に受け入れてくださったことを感謝します。私があなたの愛する子であることに驚きを覚えます。私は永遠に感謝します。

イエス・キリストを感謝します。悲しみの人、そして喜びの人としてのその生涯は、自分も喜びの人生を求めてよいという許可を私に与えてくれています。聖霊様を感謝します。私が受け継ぐべきもの、また生まれながらに持つ権利があるものとして、喜びという賜物を私に恵み深く与えてくださった聖霊様を感謝します。私は喜びを味わうことができるという権利のために闘うことを選びます。

水を溜めることのできない壊れた井戸を掘ることをやめることを選びます。人々、場所、所有物そして自分の性格に頼って、そこで喜びを見つけようとすることをやめることを選びます。

そうではなく、私はたったひとつの喜びの源であるお方、あなたに喜びを見いだすことを選びます。あなたは決して渇くことのない、魂の渇きを癒やす生ける水の泉を持っておられる方です。

私は一時的なものではなく、永遠のものを求めることを選びます。神さま、私は自分の価値観が天の価値観と同じになるように、あなたがどういうお方であるかを黙想することを選びます。私の思いや考えがそこにとどまるようにと、私が決めたところです。

自分の中に喜びを養い、また私の人生に与えてくださった人々の心に喜びを養うことを選びます。喜びを奪う人ではなく、喜びを育む人になることを選びます。恵み、信頼、バランス、受容、人に対する前向きな考え方、偏りのない愛、共感、そして感謝という心の態度を成長させることを選びます。

喜びの人生を生きることができるようにしてくれる変化を、毎日の生活の中にもたらすことを選びます。私はあなたが私の価値を認めるのと同じように、私自身の価値を認めることを選びます。そして喜びの助言者《メンター》を意図的に求め、毎日の生活のちょっとしたイライラにとらわれないようにします。派手に愛することを選び、私の感覚が与えてくれる喜びを進んで受け、お腹の底から笑い、人に与える人となることを、いつかそのうちではなく、今なれるように選びます
目を大きく開いてあなたの善さを見、感謝の心をもって生きることを選びます。あなた

が与えてくださった人生のすべての瞬間を——それが喜ばしいものであろうが、悲しむべきものであろうが——愛することを選びます。あなたの許しによって起きたどんな混乱する状況の中でも、あなた自身を見いだそうとし、喜びを見いだそうとすることを選びます。あなたが私の人生の隅々に至るまで支配してくださっているという揺るぎない確信をもつようになることを選びます。また最後にはすべてが大丈夫だというひそかな自信をもつことを選びます。また私が理解できないことであっても、すべてのことにおいてあなたをほめたたえることを選びます。神さま、あなたを信頼します。

私は勇気をもって喜びを選びます。なぜなら、幸福感では十分ではないからです。

私は喜びを選びます。

注

1　喜びに満ちた人生を求めて

1　シャノン・ロイス、Chosen Families.org, http://chosenfamilies.org/welcome-to-chosen-families/.
2　John Eldredge, *Waking the Dead* (Nashville: Thomas Nelson, 2003), 34.
3　Lewis Smedes, *How Can It Be All Right When Everything Is All Wrong?*, rev. ed. (Wheaton: Harold Shaw, 1999), 27, 43.
4　Sailhamer's exact quote is, "Joy is that deep settled confidence that God is incontrol of every area of my life." Cited in Tim Hansel, *You Gotta Keep Dancin'* (Colorado Springs: David C Cook, 1998), 54.

2　正体をさらけ出す

1　Ronald Dunn, *When Heaven Is Silent: Trusting God When Life Hurts* (Fort Washington, PA: CLC Publications, 2008), 27.

3　喜びの人イエスの再発見

1　新約聖書・マタイの福音書一一章一六～一九節（ザ・メッセージ）。

4　乾いた井戸から飲む

1　ラリー・クラブ『インサイドアウト——魂の変革を求めて』川島祥子訳、いのちのことば社、二〇一三年。

2　M. Craig Barnes, *When God Interrupts: Finding New Life through Unwanted Change* (Downers Grove, IL: InterVarsity, 1996), 124.

5　天の価値観を取り入れる

1　ピオ神父、http://stdavidsanglican.com/prayermeditation.htm.

2　Carol Kent, *When I Lay My Isaac Down* (Colorado Springs: NavPress, 2004), 29.

6　暗闇の中でも信じる

1　Henri Nouwen, *Can You Drink the Cup?* (Notre Dame, IN: Ave Maria Press, 2006), 51.

パートⅢ　喜びは心の状態のこと

1　Mike Mason, *Champagne for the Soul* (Vancouver, BC: Regent College Publishing, 2006), 26.

7　自分の中に喜びを養う

1　C. S. Lewis, *The World's Last Night: And Other Essays* (New York: Harcourt, 1960), 86.

2　サラ・ヤング『わたしは決してあなたをひとりにしない』佐藤知津子訳、いのちのことば社、二〇一一年。

3　アニー・ディラード『本を書く』柳沢由実子訳、パピルス、一九九六年。

4　J・R・R・トールキン『指輪物語　旅の仲間』瀬田貞二・田中明子訳、評論社、新版、一九九二年。

5　リチャード・カールソン『小さなことにくよくよしない88の方法』和田秀樹訳、三笠書房、二〇一一年。

8　ほかの人の中に喜びを養う

1　C・S・ルイス『悪魔の手紙』中村妙子訳、平凡社ライブラリー、二〇〇六年。

2　Taylor Caldwell, *The Listener* (New York: Doubleday, 1960), 9.

パートⅣ　喜びは行動の選択

1　Katia Hetter, "This Is the World's Happiest Country in 2019," CNN Travel, March 26, 2019, https://www.cnn.com/travel/article/worlds-happiest-countries-united-nations-2019/index.html.

2　Hetter, "World's Happiest Country in 2019."

3　Hetter, "World's Happiest Country in 2019."

9　基本に帰る

1　For more information on studies and research, visit the Centers for Disease Control and Prevention website at www.cdc.gov/physicalactivity/everyone/health/index.html.

2　Paul Tournier, cited in Tim Hansel, *You Gotta Keep Dancin'*, 104.

10　愛し合い、笑い合う

1　Sir John Lubbock, *The Use of Life* (Charleston, SC: BiblioBazaar, 2009), 197.

2　Henri Nouwen, *In the House of the Lord: The Journey from Fear to Love* (London: Darton, Longman & Todd, 1986), 67.

11　あらゆることに喜びを見いだす

1　C・S・ルイス『C・S・ルイス宗教著作集7　神と人間との対話』竹野一雄訳、信教出版社、一九九六年。

2　Mason, *Champagne for the Soul*, 22.

3　Bob Kelly, *Worth Repeating: More than 5,000 Classic and Contemporary Quotes* (Grand Rapids: Kregel, 2003), 317.

4　C. S. Lewis, *Till We Have Faces* (Grand Rapids: Eerdmans, 1956), 308.

本文中で使用した聖書（訳）

・CEV = the Contemporary English Version
・ESV = English Standard Version
・GNT = Good News Translation
・GW = GOD'S WORD Translation

・NASB＝New American Standard Bible
・NCV＝the New Century Version
・NIV＝New International Version
・NJB＝New Jerusalem Bible
・NKJV＝the New King James Version
・NLT＝the New Living Translation
・TLB＝The Living Bible
・フリップス訳＝Phillips New Testament in Modern English
・ザ・メッセージ＝the Message（Bible）

訳者あとがき

本書が、パンデミックとロシアのウクライナ侵攻という暗雲が立ちこめる中で翻訳され出版されることに、意味深さを覚えています。多くの方々が亡くなり、経済的に打撃を受け、出口の見えない暗闇を歩かされているのに、「喜び」などどこに見出すことができるというのでしょう？「喜び」という言葉を発することさえ不謹慎のように感じられます。

しかし一方で「喜び」とは、クリスチャンを特徴づけるものとして、クリスチャンからもそうでない人たちからも求められているもののように思われます。「いつも喜んでいなさい」「すべてのことについて感謝しなさい」というみことばがあり、それは心の奥底で時折――特にすねている時や落ち込んでいる時に――私たちをつついてきます。とても喜べない状況の時に喜ぶなんて偽善的だと言いながらも、喜びのないクリスチャンなんて失格とばかりに自分を打ち叩き、いつしか私たちは、笑顔やクリスチャン用語で自分を装うことに慣れてしまい、自分でも本当は何をどう感じているのかさえわからなくなってしまっているのではないでしょうか。

喜びは状況に左右されるものではないことが、この本を読めば明らかです。「喜びは私たちが生まれながらに持つ権利」であり、しかもそれは私たちが「選ぶ」もので、今、ここでも喜びを味わうことができるのです。著者自身も、我が子を自死によって失うという経験の中で、喜びを選ぶこと、つまり神は自分の人生の隅々に至るまで支配してくださっているという揺るぎない確信と最後にはすべてが大丈夫だというひそかな自信、そしてすべてのことにおいて神をほめたたえる決意を勝ち取ったのです。

「救われて天国へ行けるのだから喜んでいなくちゃ！」「主はすでに世に勝ったのだから私たちも勝利者だよ！」などという聞き慣れた言葉によっては、心の奥から湧き上がる喜びを味わうことはできません。著者は「喜びが欲しいなら闘わなくてはならない」と言います。それは自分自身との闘いです。喜びを味わえないでいる現実から逃げたり、誤魔化したりする自分の肉との闘いです。

それは言い換えれば、神を選ぶか自分を選ぶかの闘いと言うことができるでしょう。

エデンの園でのアダムとエバは喜びを求めようなどと思ったことがあるでしょうか？神との自由な交わりを楽しみ、裸であっても恥ずかしくない相手との生活の中で、何が欠けていたというのでしょう。しかし二人はある時、神でなく自分を選んでしまいました。その日から人は、喜びを得るためには闘わなくてはならなくなったのです。

「選ぶ」という行為には、私たちの全人格——知性も情緒も——を総動員させなければなりません。まだ肉の内にある私たちにとって、神を選ぶ選択は生易しいことではありません。訓練が必要です。邪魔する力が大きいからです。しかしそれは闘う価値があり、勝算があります。「喜びの人、イエス」が私たちの内に生きておられるからです。イエスさまを深く知り、親しい関係を育むことは、喜びを味わう上で不可欠だと著者は言います。イエスさまが人として地上生涯を生きられた様を学び、思いめぐらすことは、私個人にとっても非常に重要な訓練となっています。女性たちや罪人らに優しく接し、決して人を見下さず、咎《とが》めず、しかしパリサイ人らには毅然《きぜん》と立ち向かうイエスさまに福音書を通して出会うことは何よりも楽しく、心躍り、喜びでいっぱいにさせられます。このお方が私の内に住んでおられ、人生をともに歩んでいてくださるという安心感は私の心の奥底で喜びが湧き出る泉となっています。

最後に、この本を翻訳するよう勧めてくれた夫に、またともに聖書を学ぶ仲間たちに感謝します。彼女たちがいなかったら、イエスさまとこんなに親しくなれませんでした。そして装丁をしてくれた娘に、また翻訳にあたって丁寧にご指導くださったいのちのことば社の米本円香様に心より感謝いたします。

二〇二三年一月

鈴木敦子

著者

ケイ・ウォレン

1980年、カリフォルニア州レイクフォレストにおいて、夫リック・ウォレン氏と共にサドルバック教会を開拓。同教会で、精神疾患や自殺願望を持つ家族や人々をサポートするために、Hope for Mental Health Initiativeを設立。National Action Alliance for Suicide Preventionの理事であり、カリフォルニア州オレンジ郡において、心の健康や自殺予防のために積極的に活動している。

著書に、*Sacred Previlege, Say Yes to God.* (Fleming H Revell Co)、共著として、世界中で用いられている組織神学のテキストFoundationsがある。3人の子ども、エイミー、ジョシュ、マシュー(今は天に)と5人の孫がいる。

訳者

鈴木敦子(すずき・あつこ)

1960年、宮城県生まれ。

1987年、米国ウェスタン・コンサバティブ・バプテスト神学校修士課程終了(Master of Church Music)。

訳書に『情緒的に健康な教会をめざして——教会の成熟に不可欠なもの』『情緒的に健康なリーダー・信徒をめざして——内面の成長が、家族を、教会を、世界を変える』(共訳)、『情緒的に健康な女性をめざして——自分の人生を生きるために、やめるべき8つのこと』(以上、いのちのことば社)がある。

聖書 新改訳 2017© 2017 新日本聖書刊行会

喜びは選ぶもの

2023年 3 月 1 日　発行

著　者　　　ケイ・ウォレン
訳　者　　　鈴木敦子
装画・装丁　鈴木紗綾
印刷製本　　日本ハイコム株式会社
発　行　　　いのちのことば社
〒164-0001 東京都中野区中野2-1-5
電話　03-5341-6924（編集）
03-5341-6920（営業）
FAX　03-5341-6921
e-mail:support@wlpm.or.jp
http://www.wlpm.or.jp/
© Atsuko Suzuki 2023 Printed in Japan
乱丁落丁はお取り替えします
ISBN 978-4-264-04413-0